科学的广告

U0726642

[美]克劳德·霍普金斯◎著

李宙　袁雅倩◎译

民主与建设出版社

·北京·

© 民主与建设出版社，2024

图书在版编目（CIP）数据

科学的广告 /（美）克劳德·霍普金斯著；李宙，
袁雅倩译 . -- 北京：民主与建设出版社，2024.5
ISBN 978-7-5139-4552-3

Ⅰ . ①科… Ⅱ . ①克… ②李… ③袁… Ⅲ . ①广告学
—基本知识 Ⅳ . ① F713.80

中国国家版本馆 CIP 数据核字（2024）第 063120 号

科学的广告
KEXUE DE GUANGGAO

著　　者	［美］克劳德·霍普金斯	
译　　者	李　宙　袁雅倩	
责任编辑	顾客强	
封面设计	末末美书	
出版发行	民主与建设出版社有限责任公司	
电　　话	（010）59417747　59419778	
社　　址	北京市海淀区西三环中路 10 号望海楼 E 座 7 层	
邮　　编	100142	
印　　刷	三河市双升印务有限公司	
版　　次	2024 年 5 月第 1 版	
印　　次	2024 年 5 月第 1 次印刷	
开　　本	710 毫米 ×1000 毫米　　1/16	
印　　张	14.5	
字　　数	200 千字	
书　　号	ISBN 978-7-5139-4552-3	
定　　价	58.00 元	

注：如有印、装质量问题，请与出版社联系。

克劳德·霍普金斯的书总是一版再版。

1923 年，霍普金斯写了一本薄薄的小册子，由洛德暨托马斯广告公司（今天的福康贝尔广告公司的前身）出版。他把这本书命名为《科学的广告》，大约 30 年以后，这本书由当时极负盛名的市场营销和广告学研究者阿尔弗雷德·普利策再版，因为"霍普金斯展示了最为丰富、集中并且十分有用的（关于广告的）洞察"，而且"现在的广告研究要达到霍普金斯对于广告业的卓越贡献程度，还有一段很长的路要走"。

1927 年，霍普金斯写下了自传作品《我的广告生涯》，最先被收录在《广告与销售》杂志中，接着由哈珀出版公司出版。1933 年，你还能够以 10 美分的价格在几乎所有的二手书店中买到这本书（甚至是由他的遗孀亲笔签名的版本——克劳德·霍普金斯于 1932 年去世）。

但是 1946 年，《广告与销售》杂志再版了这本书，并且附上了沃特尔·威尔撰写的诠释性前言，他在前言中做出以下结论：

"《我的广告生涯》中几乎所有内容都值得多次仔细研究，多次细细品读。你眼前呈现的是一个成功的广告生涯，并且包含了所有使其成功的因素。品读这本书得到的经验与教训就如同与作者亲身经历一般。整本书到处都是真正生活的影子。它不是一本书，而是一段经验——经验就是最好的老师。"

所以，现在，我们对克劳德·霍普金斯的书籍进行再版，这个版本中我们包含了《科学的广告》与《我的广告生涯》两部作品。希望能使克劳德·霍普金斯和那一时代的广告人的思想能够对他们的晚辈，也就是当今一代的广告人有所启发。

霍普金斯的作品虽然是渺茫久远的旧时之作，但却包含了令人诧异的现时之笔。他是当时杰出的文案和策划大师，他通过撰写广告年薪达到10万美元甚至更多。他在一个没有多少科学的时代里谈论科学的广告，他所谈论的许多东西在复杂的现时情况下似乎显得非常过时。其中一些的确已经过时，或者无法证实，时间和环境都已经改变。尽管如此，克劳德·霍普金斯所创立的指导原则如此重要、如此持久，不应该被遗忘。

阅读这本书的时候，读者会对某些观点强烈反对而大摇其头，也会对其他观点完全赞同而大为赞赏。可能会因霍普金斯的狂妄自大和傲慢无礼而感到不满，同时又会对他的故事着迷，被他言简意赅的叙述方式所打动。他的语言平实简短，扼要中肯。就像下面这段摘自他自传中的话：

"我确信如果我试着去推销劳斯莱斯轿车、蒂芙尼珠宝或者是斯坦威钢琴，它们肯定卖不出去。我不了解富人对产品会有如何反应，但是我了解普通人。我喜欢和劳动人民聊天，爱研究那些斤斤计较的主妇，乐意向贫穷但积极向上的年轻人们学习，鼓励他们提高自信心。我去推销他们需要的产品，就能在顾客中激起千层浪。我的广告用词简短易懂。有学问的人可能会取笑我的这种风格，有钱的人和傲慢的人也会嘲笑我的这种特点。但是，成百上千的穷人家会读会买，他们会认为写广告的人了解他们的需求。而他们，在广告业，占了我们顾客人数的95%。"

克劳德·霍普金斯是一位广告业的先行者，他为我们照亮了一条新道路。但是他认为自己是一位谨小慎微的人，他将他的广告建立在"固定的准则上并按照基本原则来办事"，这就是他的文字总会被多次引用，以及初学者和专家会觉得他的文字具有启迪心智，富有教育意义而又引人入胜的原因。

广告出版公司（科伦传媒公司前身）总裁　伯恩斯坦

目录 / CONTENTS

上篇
我的广告生涯

❶ 把工作看成是最有趣的娱乐，这是非常有意义的 // 003

❷ 好产品就是它自身最好的推销员 // 013

❸ 勤劳节约的人总能得到命运之神的青睐 // 021

❹ 做事的方法一定要到位，不能坏事 // 028

❺ 想要推销产品，就要迎合千千万万消费者的需求 // 037

❻ 广告提供的不是产品，而是服务 // 046

❼ 冒险去打一场商战是很愚蠢的 // 053

❽ 成功的秘诀就是敢于抛弃安稳，敢于直面未知 // 062

❾ 广告一味取悦别人并无意义 // 069

❿ 每个广告都要讲述一个完整的故事 // 078

⓫ 通过名字传递想法，这有很大的优势 // 087

⓬ 必须在别人认识到产品价值之前，挑起他们的兴趣 // 093

⓭ 让新客户转变观点是得不偿失的 // 101

⓮ 每个广告活动都取决于它的心理攻势 // 107

⓯ 浪费广告空间是不可取的 // 112

⓰ 消费者的反应才是唯一有价值的 // 119

⓱ 广告是你产品的推销员 // 125

⑱ 很多广告的失败源于不停地推销 // 135

⑲ 广告依赖于你对大众的关爱和了解 // 142

下篇
科学的广告

❶ 广告的成功并非运气，它也有科学规律 // 149

❷ 广告的唯一目的就是出售产品 // 154

❸ 人们也许会被广告诱骗，但是绝不会被其支配 // 159

❹ 广告必须以科学为根基才更有可能获得成功 // 162

❺ 只吸引到某些特定的人便成功了 // 167

❻ 好奇心是人类最强的动机 // 171

❼ 不要编造谎言，因为你做不到天衣无缝 // 176

❽ 一旦你抓住了顾客的目光，就应该将对他的期望全部吐露出来 // 180

❾ 任何高昂的支出都必须卓有成效 // 184

❿ 有些不太受人欢迎的卖点仍然值得你考虑 // 188

⑪ 广告业永远容不下懒人 // 192

⑫ 只有赢得一人心之后，才有可能赢得万人心 // 195

⑬ 别因为蝇头小利而丢失全局 // 199

⑭ 90% 的顾客都无法买到的商品不可能盈利 // 204

⑮ 在我们大展拳脚之前，试销能给广告方案带来最可靠的证明 // 208

⑯ 只卖出产品而没有感化消费者，这样的推销没多大作用 // 212

⑰ 如果想要脱颖而出，试试猎奇和反常 // 214

⑱ 人们只会被美好的事物所吸引 // 216

⑲ 趁热打铁，在你的顾客心动之后就让他们及时采取行动 // 218

⑳ 好的名字自然带来好的利润 // 221

㉑ 好生意 // 223

上 篇

我的广告生涯

❶ 把工作看成是最有趣的娱乐，这是非常有意义的

在我出生的前一年，发生了一件对我的事业影响极大的事件，我的父亲娶了一位苏格兰女士，她便是我的母亲。她是一个典型的苏格兰人：为人勤俭，办事谨慎，头脑聪明，努力上进，还精力充沛。人们常说，男孩会继承母亲大部分的性格特点。我是一个出了名的保守主义者，毫无疑问，这也来自我的母亲。据我所知，这个特点极其重要，多少广告人、商人事业失败就毁在性格不保守这一点上。

接下来在这本书中，我会一再强调这个观点。在此处强调是为了说明我性格稳重的来源。"安全第一"一直指引着我的事业。一个男孩要想在广告业打拼，有一个苏格兰母亲便是最宝贵的财富。这样的话，他与生俱来就擅长计划打算，做事谨慎。这些都是基本素质，要想成功，除了碰运气，它们必不可少。但是如果缺乏这些品质，一部分人也可能通过勤勉努力得到弥补。

大多数遇到过失败的生意人都是因为急于求成。他们或对潜在的机会不加思考就莽撞行事；或轻视保守而草率行动；抑或害怕竞争对手比自己爬得更高，走得更远，便毫无方向地贸然领跑。

当然生意场上也有冒险而成功的，但绝不是在广告业。所有广告业的惨败都是由于鲁莽冒进造成的。这种错误既毫无用处，也不可原谅。这里我指的不是那些广告失误。就广告业这一行业来说，我们所有人都在尝试着做力所难及的事情。我们和人性打交道，和欲望、偏见以及怪癖打交道，而这些都是不可预测的。甚至在大多数广告案例中，没有经验可以正确地指导我们。

这就是为什么说，在广告业中不谨慎就等同于犯罪。可以说每一次广告风险投资，我们都是在和未知、盲目、风险打交道。

但是普通的失误算不得什么，这是预料中的事。每一次广告风险投资，在初期仅仅是为了看一看公众的反响。如果人们毫无反应，那么通常就是产品的问题，或者是由于市场环境不可控制。在投资中，如果有损失的话，只要合理控制，损失还是很小的。广告的创意和点子没有传播开来，也仅仅是偶然。

我要说的是那些严重的灾难性的失败，那些导致大范围损失的失败。我要说的是那些广告人，他们驾驶着规模巨大、价格高昂的轮船，最终却撞向岩石。那些人一旦失败，很少有重整旗鼓的。他们见证了鲁莽的下场，永远心怀胆怯。在这个行业里我见过许多有前途的人，他们因为冒险航行在某些未知的航道上，而撞毁了自己的船只。我所能记得的，他们中没有人重回这个行业。35年里，多亏了我血管里流淌的苏格兰血液，让我远离了失败的灾难。

受母亲的影响，我总是把一毛钱看得和一块钱同样重要。不仅是我自己的钱，对别人的钱我也是如此。不管是作为投资人还是委托人，我花钱都小心翼翼。不管是自己投资还是替别人投资，我从来不用大笔钱去冒险。所以我犯的错误尽管很多，但这些从来不会狠狠地打击到我。委托人从来没有不信任过我，不信任通常是由于严重的失败所造成的。我失败的时候，损失的只是一点小钱，但信心仍在。而当我成功的时候，通常我会为我的员工带来数以百万计的财富，而且为自己赢得很好的名声。这一切大部分都要归功于我的母亲。

其实她带给我的要比这些多得多。我从她身上学到了勤奋，在我印象中，每时每刻，日日夜夜，母亲都在工作。她大学毕业，知识渊博，靠教书来养活她的孩子。课前课后她忙碌家务，夜晚勤奋写作 —— 为学校写幼儿读物。

假期一到，她辗转于各个学校售卖这些读物。她一个人做着相当于三四个女人的工作，同时她也兼职了三四份职业。

在母亲的引导下，我早早就开始做类似的事情。9岁起，我就能养活自己。别的男孩去学校上学，是当一天和尚撞一天钟。而上学却只是我一天工作中的一小段插曲。课前，我会打开两间教室，生好火，擦干净桌椅。课后我还要再次打扫这两间教室，然后在晚饭以前，给65户人家去送《底特律晚报》。

星期六我要清洗两间教室，还要发广告传单。星期日我去教堂做守门人，从清晨工作到晚上10点。假日期间，我去农场工作，一天要工作16个小时。

当医生说我病得很严重，不能去上学时，我却去了雪松沼泽林工作。那儿早上4点30分就要开始工作。早餐以前我们要给奶牛挤奶，并喂饱牛群。早上6点30分的时候，带着午餐，我们驶往沼泽林。一整天我们都在砍树冠，伐枕木。晚餐以后又是另一轮的挤奶工作，之后在晚上再为牛铺上睡觉的干草。晚上9点的时候，我们就搭个楼梯爬上阁楼睡觉。但是我从没想过工作有多么劳累。

之后的岁月里，在商界工作，我亦如此。我不区分工作时间和休息时间。只要有某一天在午夜前停止工作，那便是我的假日。我经常在凌晨两点离开办公室。周日就是我最好的工作日，因为没有人打扰。进入商界后的16年里，我几乎所有晚上和周日的时间都被工作占据了。

但我不建议大家效仿我，大家不要像我这样不分昼夜工作，我也不会建议我的儿女们这样做。人生中有太多东西，比成功重要得多。适量地工作可能会带来更多的愉悦感。但是话说回来，如果有一个人，他的工作时间比同行多一倍，那么他注定比同行走得远一倍。这一点在广告业表现尤其明显。

我们不得不承认这一点。的确，人的智力会有所不同，但和勤奋程度的区别相比较，这种不同就无足挂齿了。比别人多做一倍甚至两倍的人当然比别人学得也要多一两倍，因为他会犯更多的错误，也会获得更多的成功，于是他从中也就学得更多。如果在广告业我比别人走得更远，取得的成绩更多，那也是由于我做得更多，而不是我有什么特殊的天分。这就是说，一个人想要在某个领域有所成就，他必须牺牲生命中所有其他的东西。这个人或许不值得羡慕，但值得同情。

我曾经在一次演讲中说过：我发现在广告这个行业，我度过了 70 个年头。按日历算，其实只有 35 年，可是按我的工作时长和工作量算，其实我是一年当两年在过。精打细算和谨慎的确让我远离了失败的灾难，可只有勤奋才真正教会了我什么是广告，是勤奋成就了我。

从父亲那里我获得了贫困，但这对我来说却是另一笔财富。我的祖父是一位牧师，祖上好几代都是牧师。是贫困喂养了他们，教育了他们，所以这是他们的天性。

我的成功大部分也是源自这种环境。上帝创造了无数的普通人，我也是其中的一员。成长中我渐渐地了解他们，知道他们的欲望和压力，懂得他们为生活不断地打拼，熟悉他们并不宽裕的经济条件，以及勤俭节约的生活方式。这些普通人，我如此地了解，他们也是我未来的客户。我和他们交谈，不管是书面形式还是当面交谈，他们会把我归为其中的一员。

我打动不了富人，这一点我很确定，因为我不了解他们。我也从不卖他们用的产品。我确信如果我试着去推销劳斯莱斯轿车、蒂芙尼珠宝或者是斯坦威钢琴，它们肯定卖不出去。我不了解富人对产品会有如何反应，但是我了解普通人。我喜欢和劳动人民聊天，爱研究那些斤斤计较的主妇，乐意向贫穷但积极向上的年轻人们学习，鼓励他们提高自信心。我去推销他们需要的产品，就能在顾客中激起千层浪。我的广告用词简短易懂。有学问的人可能会取笑我的这种风格，有钱的人和傲慢的人也会嘲笑我的这种特点。但是，成百上千的穷人家会读会买，他们会认为写广告的人了解他们的需求。而他们，在广告业，占了我们顾客人数的 95%。

是贫穷，赋予了我经历，教会了我销售。如果不是因为贫穷，我不会去挨家挨户地去兜售。而恰巧就是在那里，我了解了人们是怎样花钱的。做推销是非常有用的学习经历。美国有一位非常出色的广告人，在他用文字做广告之前，总是会当面去做推销。我知道他会花上数周时间，跑到一家家农场去了解农民的想法，也会敲开一家家居民的大门，去获知主妇们的意见。

是贫穷，让我上不起大学。

别人在大学里面学理论，而我只能在社会这所大学里学习 4 年。别的广告人在大学里学到的那些价值观，我一无所知。但我知道，如果从事广告实践工作，很多大学里的知识都是不必要学的。实际上，我认为，对于那些广告人来说，如果他这一辈子的工作对象就是普通人，那么高等教育更像是一道屏障，反而阻碍了他们。

当然在我的那个年代里，学校里没有开设广告课程，也没有开设销售或者新闻课程。如果现在也没有这些课程，我相信反而会更好。我读过一些课程，这些课程不切实际，简直是误人子弟，这让我感到非常愤怒。曾经有一所著名科技大学的老师，他带给我这所大学的一本广告教程书，询问我如何改进。我读了以后回答他："把它烧掉吧。你们没有权利让一个年轻人把他人生中最重要、最宝贵的时间都花在这么一本废书上面。如果他要花 4 年时间来学习这种理论，那他可能还要用十几年去忘掉它。这样一来，在这场长跑比赛中，他会远远落后，永远也赶不上别人了。"

我说过，我当时愤怒了，我给他留下了不好的印象。但请你们告诉我，一个大学教授，一生都在与世隔绝的教育体系里生活，他怎么可能适合去教广告或者商业实践课程。这些知识只存在于"真刀真枪"的商业社会，也只有在这里才能学到。我和成百上千个人讨论过这个话题，也看到过一些人，他们由于自己没有受过好的教育，于是突发奇想地去崇拜那些受过教育的人。

我也走进过课堂听讲，因为我出生于一个受过高等教育的家庭。我在大学校园里出生，我的父母都是大学生，祖父是一所大学的奠基人之一，而我的妹妹和我的女儿也都受过大学教育。

我做生意见过无数的大学生。在我管理的一家广告公司里，即使是办公室的勤杂人员，我们都会雇用大学生。而我的许多客户都遵循同样的招聘政策——只招大学生。这样做是为了招收经过专业训练的人，因为领导者们最缺少这些专业知识，但我记不起他们中有任何一位升到过高管职位。相比起那些读过大学的人，在商业实践里摸爬滚打的人有压倒性的优势。就广告业而言，在农场里花一周的时间和农民聊天，比在我所知道的任何一所大学里上一年的课，学得还要多。

威尔·卡尔顿影响了我，使我的人生轨道偏离了牧师生涯。我命中注定是要成为一位牧师的。我的祖祖辈辈都是牧师，而我的名字就是根据《名人大辞典》上一个牧师的名字取的。我的家人从不怀疑我将成为一名牧师。

但是他们在这方面似乎灌输得太过了。我的祖父是一名原教浸礼会教徒，我的母亲也是一位苏格兰长老会信徒。他们一起给我灌输，让我觉得宗教太让人压抑了。周日白天我要参加 5 次宗教活动，晚上还要聆听布道，我无聊得想要入睡，这时他们就会掐我，让我保持清醒。周日是孤独的日子，我不能到处走动，只能读《圣经》或者《圣经词汇索引》。那些日子里，我只能比照着词汇索引书来阅读《圣经》里的一词一句。此外，我还要读《朝圣者的旅程》。

他们教导我，人只要跳了舞、玩了纸牌或者去了剧院，那他们就是魔鬼。似乎生活中的每一次欢愉都是一场罪过。如果你读的书不是主日学校里面的，那么你的未来一定会陷入水深火热之中。

威尔·卡尔顿是我父亲的大学同学。他写过《越过山岗去救济院》等一些著名的民谣。最近密歇根州为了纪念他，将他的生日 10 月 23 日定为学校的假日。他是我年轻时候的偶像。

我那时候还是个十来岁的孩子，威尔·卡尔顿已经开始巡回演讲了。有一次他来了我们住的城市，到我家来拜访。他意识到我家宗教氛围太浓，这其实不适合孩子的成长。之后，基于这种感受，他写下了一首民谣。这首民谣发表在他的诗集《城市民谣》中，题目是《他的心背负了太多》。民谣讲述的是一个年轻罪犯在通往监狱路上的忏悔：他出生在一个苏格兰长老会家庭，家人对宗教狂热，年轻人由于在压抑中成长，最终走上犯罪的道路。在这首民谣里，威尔·卡尔顿把我塑造成了一名对宗教很狂热的人。他还送了我这部诗集。

这部诗集对我的事业产生了很大的影响，比家庭的教育还要大。我崇敬威尔·卡尔顿，等我长大后我希望能成为像他一样的人。对于我的家庭生活方面，我们的态度当然是一致的。而当这样一个我崇拜的人和我态度一致时，我就更加坚定了自己的想法。从那以后，威尔·卡尔顿就成了我人生的向导。他对宗教狂热态度的批判让我第一次认识到原来生活还有另一面。

我继续学做牧师。17岁的时候我成了一名传教士，18岁去了芝加哥传教。但是，由于威尔·卡尔顿最初启示了我，让我产生过那些偏离宗教的想法，这让牧师的职业最终与我无缘。

另一件事对我也有很深的影响。那一次我和妹妹都生病了，母亲照料我们。在我们康复期间，她给我们读了《汤姆叔叔的小屋》这个故事。不久后，我听说这部戏要来镇上巡演，于是我准备发些传单，挣一两张戏票。对母亲费了一番口舌后，她终于同意我们去看戏了。

距离演出的日子还有一周，时间一天天拖着沉重的步子，缓慢地过去。终于这伟大的日子来了，我清早4点就起床了。这一天好像过得格外缓慢。到了晚上7点，我和妹妹再也坐不住了，于是动员妈妈开始向市镇礼堂走去。

半路上，我们遇到了长老会牧师。他上了一定年纪，好像不曾有过青春。

孩子们会不由自主地躲开他，所以当他朝我们走过来的时候，我预感到了一场灾难即将来临。

他和我们打招呼，说道："你好，姊妹，你们一家是在散步吧？看见母亲和孩子们的关系这么和谐，真让我感到高兴。"

母亲答道："的确，兄弟，我们正在散步。但是，我想除了散步，我还应该向你坦白一些事情。孩子们前些日子病了，在他们康复期间，我给他们读了《汤姆叔叔的小屋》，他们对此兴致勃勃。今晚这部戏剧来镇上演出，我儿子又买到了戏票，于是我同意带他们去看戏。这本书对他们影响很好，这部戏也应该差不到哪儿去。"

牧师回答："姊妹，我明白你的意思了，并且我也理解你的想法。这本书的确好处颇多。但是你要记住：总有一天你会无法照料你的孩子。恶魔居住的戏院里散发着堕落之光，到时他们会看到，并受其引诱。当这些诱惑到来的时候，他们会怎么想？他们是不是会说既然他们的母亲带他们去看过戏剧，那么这次他们也会可以毫不犹豫去参与？

母亲答："您说得对，我不应该带这个坏头。"于是她转身带我们回家去了。一时之间，我丧失了对母亲所有的尊重，并且这种尊敬再也回不来了。

另一个人也让我刻骨铭心，对我的成长有巨大的影响。他是一段铁路区间的工头，干一天活儿能挣 1.6 美元。他领导着一群铁路工人，每天只能挣 1.25 美元。

六七岁的时候，我看到的总是大学生在玩乐，对于大学生生活严谨的一面我丝毫不知，却见识了各种各样的游戏。因此"人生就是一场游戏"这个观念在我脑海里开始根深蒂固。

但是这位铁路工头却改变了我这个想法。他与工人们截然不同，这一点让我印象深刻。工人们工作是迫不得已，他们干尽可能少的活儿。平时在消磨时间，然后周六的晚上就去城市，花光一周所得。

工头工作热情洋溢。他号召："兄弟们，让我们今天多铺点枕木，让我们今天把这段铁轨拉成形。"于是工人们就会强打起精神走过去。工作对他们来说实在是一件厌烦的事，但工头却把它当作一场游戏比赛。

在铁轨上工作 10 小时后，工头在晚上还要修建他家的房子。他在房子周围开辟了一个花园，娶了这个地区最漂亮的女孩当老婆，过上了幸福的生活。最终他调去了更高的职位，但我从一开始就从他身上学习到了很多。

他说："看，那些男孩正在打球。我认为打球也是一份辛苦的工作。我在这里修葺房顶，我和时间在赛跑，我知道天黑之前我要盖多少房顶才能完成我一天的任务。我认为这就是乐趣。

"看看这些人，磨洋工，聊铁路，谈政治。关于修铁路，他们最多就是知道如何敲钢钉。他们永远都只知道干这个。在晚上他们游手好闲的时候，我却建好了家里的门廊。马上我就可以舒适地躺在那里，和我漂亮的妻子谈情说爱。他们却只能永远坐在杂货店火炉旁的泡沫盒子上。你说说到底哪个是工作，哪个是娱乐？

"如果一件事有用，我们称之为工作；如果无用，我们则称其为娱乐。两件事同样艰难，却也可以同样视为游戏。它们都存在竞争，都要努力去超越他人。依我看它们所有的区别就存在于人们对其的态度里。"

我永远忘不了这段对话。这位工头对我的影响之大就像是詹姆斯·卢西对卡尔文·柯立芝① 的影响一样。柯立芝曾对卢西说过："要是没有你，我走不到今天。"现在我也可以对他说同样的话。

后来我当了美国志愿者组织的主管，针对生活中的失意者做了一项调查。我在灾民施舍处、监狱和劳改所做了调查，发现他们最大的问题不是在于懒，而是太爱娱乐，或者说是错误地理解了娱乐。他们大多数人在年轻的时候也

---

① 卡尔文·柯立芝：美国第 29 届副总统、第 30 届总统。

整天忙忙碌碌。可他们是在别人锄玉米地的时候玩地滚球，在别人忙碌于生意订单的时候打篮球，在别人开石凿荒的时候玩垒球。他们与其他人所有的差别只在于对娱乐的理解不同。

我热爱工作，就像别人热衷于高尔夫球一样。我依旧爱着它，有多少次我恳请从桥牌赛、晚宴、舞会上逃离，宁愿在办公室里待着。又有多少次我悄悄从乡村家庭周末聚会上溜走，只为享受打字机前几个小时的时光。

所以说对工作的热爱是可以培养的，就像对娱乐的热爱一样。这两者是可以互换的。别人认为是工作，而我认为是一种娱乐，而别人认为是娱乐的，我却认为是工作。我们只有在自己所热爱的事情上才能做得更好。如果这件事是打马球，我们可能会打得非常突出。如果是玩象棋，或者垒球这类大家认为值得做的事，我们也会干得非常好。如果一个人能把他的工作看成是最有趣的娱乐，这是非常有意义的。我们也应该这么想，对运动员的喝彩转瞬即逝，而对成功的鼓励会伴随人们一辈子。

② 好产品就是它自身最好的推销员

　　父亲拥有一家报社，坐落在一个伐木业繁荣的城市。那里的人们生活富足，所以很多广告商都蜂拥而至。现在想起那个时候的广告还觉得好笑，同样好笑的还有那个时候人们穿的蓬蓬裙。

　　大多数的商家都是通过物品交换来支付广告费用。我们家成了广告商品的仓库，我记得一时间我们家库存了 6 架钢琴、6 台缝纫机。

　　父亲当时推广的产品之一就是苦味醋，我之后才知道它的来历。一位制醋师在发酵时间的把握上出现了偏差，搞砸了一批货。但是他却生产出来了一种拥有奇怪特质的产品。那时的人们都相信听起来很糟糕的药物最有效果。当时有种油膏叫"人兽通用"，这个油膏让人类和野兽都抓狂。我们还用"蛇油"和"臭鼬油"，可能就是因为它们的名字可怕吧。药品名字听起来比疾病本身更糟糕，人们才会觉得这些药品会有效果。

　　所以我们有各种各样苦味的东西。苦味醋是其中最为糟糕的，于是也变得最受欢迎。这几十瓶醋也是作为广告费用支付给父亲的。人们到我们这里买钢琴、手风琴、缝纫机，却没几个想要买药的，所以我们的苦味醋库存也就越积越多。

　　母亲作为一个苏格兰人无法容忍这种浪费现象。她决心要用完所有的药，而我作为家里容易生病的那位，自然就成了牺牲品，早中晚各服一次。如果当年发明这个药的人还在世，我可以做证，从用药开始我的身体一直十分健康。

父亲在报社还印制海报广告，我曾经还专门研究过它们，有时候我也自己去尝试制作。然后我会跑到广告商那里，求他们给我一份送海报的工作。城里有上千户人家，每户送一份海报我开价 2 美元。这意味着我要奔波 50 多千米。其他男孩同样工作的要价是 1.5 美元，但是他们会将几张海报放到一户人家，省去跑到偏远地区的麻烦。我让广告商去比较这两种方式的效果，不久以后我就垄断了所有生意。

　　那是我第一次追踪成果，这次经历教会了我要注重可知和可比较的结果，并且我从此以后就是这么做的。只有这样真正的服务优势才能凸显出来，盲目做任何事情都是愚蠢的。

　　我 10 岁的时候，父亲过世，母亲成了遗孀。之后我要养活自己，还要贴补家用，为此我干过各种各样的工作，但其中真正重要的是那些影响到我后来职业发展的工作。

　　母亲制作了一种银器擦亮剂。我把它做成蛋糕形状，用精美的纸包装好，挨家挨户去兜售。我发现，如果只站在门口向主妇们推销银器擦亮剂，10 个人中会有一个人买。但只要能够走进餐具室展示银器擦亮剂效果，我几乎可以把它卖给所有顾客。

　　通过这段经历，我学到了另一个铭记一生的销售准则：好产品就是它自身最好的推销员。销售产品，不论是通过印刷广告还是销售员，没有样品只会举步维艰。

　　我一生中最困难的事就是教导广告商使用样品或者用某些试用手段进行销售。他们根本不会派一个销售员带样品出去推销。但是却会把大把钱砸在广告上，企图让顾客不见到产品或者不试用产品就会购买。有的人说样品代价高昂，还有人说贪得无厌的人会一次又一次地来要样品。但是，仅靠劝说来说服消费者的花费却会更加昂贵。

　　我希望，任何不相信这一点的广告商都会用我卖银器擦亮剂的手段去销售自己的产品。我所学的这个手段能让他们节省成百上千万美元。它在一天内就能教会大家，不带样品去推销比带着样品难上很多倍。

我从街边小贩身上也学到了这一点。我曾经在手电筒灯下一站就好几个小时，听他们销售。现在我发现我欣赏他们的销售方法和理论。他们从来不会不做展示就推销产品，而是用戏剧化的方式来展示所卖产品的功能。许多广告商比这些人懂的销售知识还少，真是让我诧异。

这点我后面还会继续谈到，这个话题是我的肺腑之言。我在此稍微涉及，告诉大家我从哪里学到的优惠券推销准则。之后我在杂志和报纸中送出了上亿份的优惠券。其中一些券可以换取样品，一些可以在任何商店免费换一个标准装的产品。我的名字与这种广告方式一起变得广为人知。我把每一种商品都做成过样品出售，这让我成为广告行业的一个重要角色，但是这个方法是多么简单，多么自然啊 —— 只要做每一个销售者、推销员和摊贩必须做的事。只有那些将广告业视为魔法梦幻之地的人才会试图不用样品就进行推销。

卖书是我发现的另一种挣钱方式，利润能够达到百分之百，并且行业前景显得十分诱人。一天我读到伟大的侦探艾伦·平克顿写了一本关于自己个人生活的书，无须赘言，艾伦·平克顿是那个年代所有男孩的偶像，所以我鼓动母亲拿出我们的一点点资本进行投资，进了一些他的书。

我记得当书刚到的时候，我把书铺满了整个地板。我十分确信所有人都等着买这些书，并且急着跑出去向他们兜售这些书。

母亲说："先搞定有名的人，他们会带动更多其他人来买的。"于是那天我一早就出了门，赶在镇长里西格先生出门前找到了他，他热情地接待了我。在努力挣钱的过程中，我得到了许多优秀人物的热情支持。就如所有年轻人一样，我也在这个过程中收获成长。一个获得成功的人想要看到其他人也获得成功，一个工作了的人也想要看到其他人工作。我也是如此，不计其数的年轻人现在到我家里来拜访我，但真正受欢迎的是那些努力工作的人，不论男女。一个靠着父亲留下的钱享受人生的男孩在我看来一文不值，此类的年轻女孩在某种程度上也是如此。如果性别之间有平等的话，那么人们付出的努力也应该有这种平等。无论性别，人们都要让他们的存在有意义。一些人，由于境况的缘故可能不会得到充分的回报，但是他们也应该继续努力。我讨厌懒惰，并且我相信我的影响让许多人得到了更大的快乐。

我现在意识到了为什么那天早上里西格先生那么礼貌地接待了我。我是一个小镇的男孩，并且正在努力成功。我自己再忙也从来没有拒绝过这样一个男孩或女孩。我在他们身上花费了许多宝贵时间，资助他们，给他们建议。我最钦佩的就是自力更生的精神。

实际上那天早上我碰了壁。里西格先生是一个十分虔诚的信徒，拥有一些极端并且严格的理念。他的一个想法就是，一名与罪犯打交道的侦探在礼仪社会是没有一席之地的。他已经过了崇拜英雄的年纪了。

我把书拿出来之前，他一直听我说话，然后他看了一眼书，把书扔到了我的腿上。他说："我欢迎你到我家来，但并不欢迎你的书。你和书其中之一必须离开。你在这里想待多久就可以待多久，但你必须把书扔到大街上。我认为艾伦·平克顿的书冒犯了我所坚信的一切。"

这对我是一个启示，自此之后我又经历了许多类似的事情。成百上千的人与我探讨他们钟爱的项目。董事会的董事们也总是非常认真地以为世界会站在他们那边。我总是建议他们去试验，去感受大众的脉搏。我告诉他们普通民众不能由我们自己来评断。其中一些人听从了我的建议赚了钱，一些人却嘲笑我的想法。有时候那些决定通过自己想法评断世界的人也获得了成功，但这些人中十有八九是会失败的。一群头发灰白的董事们坐在一起决定家庭主妇的需求，对我来说这荒唐至极。

而我刚刚提到的那件事情最后结局也还不错。我从镇长的住处回到家后感到非常气馁，我从来没有想象过对于我所钟爱的侦探故事还存在这种看法。

母亲鼓励我，说道："去找商人，到'大集市'上去，听听他们怎么说。"我照办了。"大集市"的经理买了一本书，然后他把我带到了他的办公室转了一圈，又帮我卖了6本。最后我把艾伦·平克顿的书大卖了一番。

我又学到了另一个经验，我们永远都不要通过一己之见来评判他人。我们所想要的，我们所喜爱的可能只会迎合一小部分人的口味。凭借个人偏好进行冒险在广告上造成的巨大损失已足以付清我们的国债了。我们生活在民主国家，每一条法律都存在不一样的意见，而每一个偏好，每一个需求也同样如此。只有那些顽固不化的死脑筋才会按照自己的意见一意孤行，贸然挺进。我们需要将广告中的所有事项，正如其他所有事情一样，应听从公众的意见。

你会发现，这就是这本书的主题。我拥有一条远洋游艇，但你认为我会不带航海图或者指南针就贸然出海冒险吗？如果我不是那种人，那我说的话总是有一些道理的。

我们受环境的影响。君子与君子相交，人们的喜好和倾向也是如此。我们的地位越高，我们就离普通民众越远，在广告业这样是不行的。

我见过许许多多尝试和项目最后无果而终，就是因为一些固执己见的人用少数人的观点来判断多数人。如果不是因为生意上的必需，我根本不会加入这种经营中去，人都是很难被说服的。人们总是按照自己有限的理解贸然行动而不管正确与否。我的责任就是尽力用最小的代价告诉他们正确的方式，或者是可能的阻碍。

这里我说一些题外话。成功的道路总是隐藏在普通大众之中。普通大众构成了绝大多数，了解他们并且成为他们中的一员的人拥有更多的成功机会。

我所知道的广告业中几个最成功的例子都是由一些不起眼的人创造的。其中有两位现在已经是公司的老总了，其中之一从广告经营中赚了很多钱，而他几乎连自己的名字都不会签。可是他了解普通人，普通人也很买他的账。

另一个人文案写得很好，好到可以诱惑一个农场主抵押他的仓谷贷款去求购，可是他的每一个句子都有语法错误。

现在许多大学生到我们这里说："我们接受了教育，我们有文学素养。"我告诉他们，这两样东西恰好都是他们的缺陷。绝大部分人都不会欣赏文学修辞，而如果他们会的话，那么群众就会对他们敬而远之。他们在花钱的时候害怕受到过多的影响，任何特别的东西只会引发他们的怀疑。任何明显的推销都会受到相应的抵触，任何看似来自上流社会的诉求在他们看来都会激发他们的不满，所有人都对灌输感到厌恶。

我们在广告业中寻找的一向是那些能够掌握大众脉搏的人。我从来不过问他们的教育，或者是他们的文学素养。这些缺陷是可以轻松得到弥补的。如果一个人能够向我们证明他很了解人性，那么我们张开双臂欢迎他的加入。

在此我举几个例子。一天我收到一封来信，十分明显，写信的人与我并不熟。他说："现在市场对现烤肉饼的需求很大，而我生产这种肉饼。我把它们命名为'布朗太太肉饼'，因为人们喜欢家制的食品。我已经发掘了很大的需求，我认为潜在的需求更大。我希望能得到资金去扩大生产。"

我在这个人身上看到了一种原始的本能。他的肉饼并不吸引我，但他对于人性罕见的洞察吸引了我，所以我派人去了解他。派去的人发现写信的人是一位简陋餐馆的夜班厨师，一个月薪水8美元。我把他请到我的办公室，资助他每个月25美元以学习广告。他跟随着我，现在已经成为国内广告业中的佼佼者。

另外一个人是从威斯康星州的曼尼特沃来到芝加哥的。他在一家叫"汤普森"的餐馆吃早点时，发现了一种烤苹果，让他想起了家乡。他对自己说："有成千上万的人像我一样从乡下来到芝加哥，现在城里三分之二的人都是这种人。我应该告诉他们这种烤苹果。"

于是他写了一页关于烤苹果的广告，将它交给了老板约翰·汤普森先生。

汤普森先生同意将广告刊登出来，餐馆的顾客立刻大增。这是这家餐馆广告活动的开始，这一活动最终让汤普森餐馆的顾客翻了几倍，并且老板的财富也翻番，成了一名富翁。

大多数的年轻人和初学者都认为前辈们小看了他们。我的经验告诉我，做生意的人总在寻找人才，因为人才是他们最需要的。我们了解的越多，就越能认识到有多少工作需要人去做。任何行业里，真正有能力的人并不多，所有人都希望能有人帮忙，能有人分担。所有意识到这种现实的人都急切地想要找到能够理解他们的人。

汤普森餐馆最初的广告刊登在周日早报上。我那个时候是一家大广告公司文案部门的负责人，一直在寻找新的人才。就在那天早上我找到了写那个广告的人，把他带回了我住的宾馆，给他开了年薪 7500 美元的工资 —— 一个从威斯康星州小镇上来的人，连这份工资的五分之一都没拿过。我自认为没有几个人能够像我一样了解民众，而他是其中之一。

但他并未接受我的开价，因为他在自己的第一个广告中看到了独立成功的道路。他继续坚持了下去并且也做成功了。他向那些来自乡下的孩子描绘他在乡下时候的食品：甜甜圈、煎饼、正宗的乡下鸡蛋和黄油。就这样他为自己成功的广告生涯奠定了基础。

菲利普·勒南也是这样。他来自锡拉库扎市，经过最初几年的锻炼，他加入了皇家裁缝公司，皇家裁缝公司专门向小城镇或农村的年轻人销售成衣。勒南知道芝加哥有很多来自乡下的年轻人，这使他想起了自己几年前经历的环境，人们会到"不定型服装店"去，因为店名表明他们会按顾客要求定做衣服。所以他邀请了很多芝加哥人光顾他的店，数量以万计。我给他开的工资是他当时能够挣到的两倍，因为他确实清楚地了解人们的真正需要。

查尔斯·米尔斯也是如此，他为温顿汽车做广告，他是我见过的最有人情味的人之一。我为了请他，给他开了 2.5 万美元的年薪，并对他说："你拥有广告业中少有的天分，能够十分自然地针对人性而做广告。我们需要你，我们努力寻找的就是你这样的真正懂人性的人。"

我想要试图说明的是，好的广告是多么的朴实，多么的平民化，并且洞悉普通的人性是如何重要。这个领域大多数信任都依靠语言、表达创意的能力取胜。还有一些人则用不同寻常的东西来吸引人，所有这些人都太高估自己了，并且总会招来憎恶。我所知道的真正的广告人都是谦卑的人。他们出身卑微，并且了解民众。

民众谨慎精明、精打细算、节省而不轻信。普通购买过程中，他们不会轻易受到欺骗。受过高等教育的人活在一个不同环境中，无法理解他们。

我们今天可以看到大企业的老板都是一点一点爬上来的。他们知道爬上来这个过程中所建立的联系，知晓他们可以命令或者影响的人。在广告业中，对这些知识的了解比起其他行业尤为重要。所以我在这里讲述的都是一些很一般的经验，却是广告经销商和从政所需要的重要条件。

❸ 勤劳节约的人总能得到命运之神的青睐

一直到高中毕业的时候，我的志向都是成为一名牧师。我是最虔诚的《圣经》教徒，我在家最经常玩的游戏就是背诵《圣经》文段。我们轮流着背诵，就像是拼字游戏那样，一轮接一轮地进行，直到所有人都出局，留在最后的人就胜利了，而我往往是那个取得胜利的人。在背诵《圣经》这件事上，我所向披靡。

通常，牧师也会参与进来，但是在背诵《圣经》比赛中他可不是我的对手。我知道的文段比他要多好几倍。7 岁时我就开始写布道文章了，还会把这些文章放在我父亲的打印室里面，在祷告会中我也会常常讲一段简短的布道，因此所有人都认为我会成为布道演说家。在学校我代表班级做毕业演讲，我的毕业论文讲的是我的志向，我仍记得当时我是怎样朗读它的，当时我是怎样渴望有一个清贫而奉献的一生。

在接下来的那个夏天里，每个星期日我都会去我任职的那所乡村学校里布道。这所学校离我家有 6 千米，但是我却坚持带着行李步行过去。我发现学校董事会里没有人会读会写。学校董事会的主席就是这个社区的管理者，他是通过一桶威士忌酒获得目前的地位的，至今这桶酒还摆在他卧室的一角。酒是从密歇根湖一艘失事船只上面漂到岸边来的。他很乐意与人们分享这桶酒，于是他的家成了社区的中心。

房间里唯一的家具就是一个木质火炉和三个肥皂箱子。坐在其中的一个肥皂箱子上，我试着告诉这个不识字的主席，我能够胜任在这所学校里面教书的工作。最后我读了一本皇历书上的笑话，才成功地说服了他。他整个书房里只有这么一本小册子，而且在经过我读后才对他有所启示。在这里和我打交道的大部分人都是没有读过书的，但他们非常单纯。我喜欢与他们打交道，我也喜欢去了解他们的天然本性。

接下来要谈薪酬了。他们打算开设两个月的夏季课程，于是我们去了出纳的家里，计算当地的收入所得。他们一共付给我 79.5 美元，当作我的工资。

我在一所农庄里发现了一架风琴。有两个女孩想学习弹奏风琴，于是我教他们音乐课程，他们答应让我住在农庄里，并且每周交付我 1 美元的学费。那个夏天平均每个月我能攒下 35 美元。这是我进入商界以后，第一次攒到这么多钱。

平时我在这个社区当老师，星期天的时候就去做牧师。在这里每天我都能学到关于人性的新知识。如果这本书你继续看下去，你就会发现这就是我所掌握的大部分知识。

那个夏天结束后我去了芝加哥。刚好我的母亲住在布赖顿公园米尔教授的家里，于是我也搬了过去。到了那里的第二天刚好是星期天，于是下午牧师就来拜访我们。他生病了，所以礼拜活动想请一天假。他告诉我们他很担心当晚的祷告，于是我的母亲提议我去代替他，因为刚好我也是学神学的。

我却认为这个提议是我的一场危机。我一直想摆脱母亲那狂热的宗教观念。我知道，如果她了解真正的我，是不会赞同我的。我的母亲是一个原教旨主义者。她相信人性中的恶魔，相信地狱之火，也相信所有的奇迹。她认为《圣经》就是一本真正的历史书，是受到了神的启示，纪实写出来的。世界就是在 6 天内被上帝创造出来的，夏娃就是亚当的一根肋骨做的。威廉·詹宁斯·布莱恩①可以成为她的偶像。

---

① 威廉·詹宁斯·布莱恩：美国政治家。坚决主张对《圣经》做实事求是的解释。

我一直努力抛掉她的正统宗教观念，但我却不敢告诉她。这对她那狂热的信仰将是一个毁灭性的打击。但是那个夏天，我准备了一篇布道。这篇布道是基于我的宗教观念写的，我鼓励生命中那些无害的欢愉，这也是我人生中的衡量标准。我反对地狱之火，反对生来有罪，也反对宗教里面的清规戒律。在这篇布道里，我质疑上帝创造世界的说法，质疑耶和华的存在。

我决心当天晚上就发表这篇布道，然后面对该承担的后果。那个时候我18 岁。从那以后，我再也不怕去面对类似的危机了。如果我不做牧师，我认为我的神学生涯就应该结束了。我已经来到了芝加哥，决定要走自己的人生之路。现在就是考验我的时候了。

我依然清楚地记得那天晚上我在讲坛上的情景，下面一共有 800 名观众，他们的平均年龄是我的两倍。但是我完全不在意他们，母亲是我脑海里唯一的观众。我知道坐在我背后的那位牧师是我母亲的朋友。他对正统宗教观念的看法和母亲一致。因此，我觉得自己当时有点孤注一掷。在记忆里，我后来再也没有遇到过大家如此一致反对的情形。宣读那篇布道在我看来是一生中最大胆的事情。

随着我布道进行下去，牧师逐渐变得不安起来，母亲的表情也变得不可捉摸，大家都显得很惊讶。当我读完布道后，牧师在做祷告时，声音都变得颤抖起来。观众沉默地走了出去，没有人走过来向我打招呼。我原以为我可以引导这群教徒的，现在我明白我被排斥了。

母亲在回家的路上也沉默不语。那天晚上她也没和我说一句话，但是我知道我已走上了一条"不归路"。第二天她邀请我和她一起到商业区共进午餐。在迪尔伯恩街道旁的餐桌上，母亲终于开口了，她说我再也不是她的儿子了。我没有再等下去，起身走了出去。就是在那里，我永远关上了职业牧师的大门。

母亲和我的关系再也回不到当初了，她不能原谅我的过失。那天之后我们也很少碰面了，虽然她见证了我在其他领域的成功，但她从来没有和我聊起过这些。我摧毁了她的理想。但是如果广告业和宗教一样让我变得消沉，我也会同样放弃这个行业。实际上我也由于相似的原因放弃过很多大额交易，我想每个人都应该这么做。因为我们不能在连自己都不认同的领域里取得成功，我们不能在工作中不开心。我把商业当成娱乐，也把它当作一场游戏在玩。这也是为什么我过去和现在都这么沉迷于商业的原因。

在这个决定命运的日子里，在迪尔伯恩街道上，我摸了摸口袋，发现只剩下 3 美元，其余的积蓄都留在了密歇根。这时我想到了春湖，我的叔叔在那里有一片果园。正好水果成熟的季节到了，于是我决定去那里做摘水果的工作。

我沿着街道往前走，来到了海港边。那里停着几艘从马斯基根来的木船。其中一艘船的船长让我做了一名厨房打杂的伙计，这样我就可以免费乘船。到达马斯基根后，我一路步行去了春湖。我的工作就是摘水果，一天可以赚1.25 美元。在这里赚的钱，再加上我做老师攒下的，一共超过了 100 美元，但是报名参加商业大学的课程需要 200 美元。

当时祖父也住在叔叔家里。他十分欣赏我的工作方式，于是称我为"坚持先生"。我和堂兄都住在农场里，我们年纪相当，但相比我一天工作 16 个小时，堂兄却是抓紧一切机会偷懒。于是祖父决定支持我去上学。他一共有100 美元的存款，是用来给自己养老送终的。现在他用这笔钱来资助我，条件是我将来负责他的养老送终，我当然毫不犹豫地同意了。

这是我人生事业中另一个非常关键的时刻。我祖父的两个孙子年纪相仿。就当时而言，没人看得出谁更有能力。而我，不是家中的长孙，自然要面对更多的反对声音。但是相比起来，我有 100 美元的存款，又勤劳工作，堂兄既不存钱，又不想工作。于是我成了那位获得资助的人，这改变了我的一生。堂兄成了一名铁路消防员。后来我又经历过很多关键时期，而这次也是其中之一。勤劳节约的人总能得到命运之神的青睐，而这些青睐往往是生命中最重要的时刻。

带着这200美元，我去了密歇根州大急流城，进入斯文思堡商学院学习。这是一所荒诞的学校。斯文思堡"教授"能写一手漂亮的书法，仅凭着这一特长，他成了一名商学老师。但是他什么也没教给我们。在我们看来，他所有关于商学的理念无外乎要弄那些书法。与其这样，我们还不如花半年时间去一所大学学习课本知识。

毕业后我们理应成为会计，但是我们所学的所有关于会计的知识就是一些死板的数据。

真正教了点知识的老师叫韦尔顿，我们称呼他为韦尔顿"教授"。他的教学理念就是捉弄我们，然后让我们觉得自己很无知。他的话语里总带着讽刺的意味，最喜欢折磨我们的方式就是上拼写课，课上给出一些没人能拼写得出来的词汇，让我们觉得自己是多么无可救药。我仍记得一次课上，他给了我们一个单词"Charavari"。显然我们都不会拼写，于是他让我们查字典，第二天再告诉他答案。可是正如他所预料的，我们都找不到这个词，甚至连前三个字母都拼不出，他又正好抓住机会评价我们是多么愚蠢。

斯文思堡"教授"给我们上早课，似乎他上课也是为了让我们感觉卑微。可能对于一个一辈子都要坐在高椅子上工作的会计来说，这个品质是有优势的。我也愿意这么想。他教育我们谦卑，告诉我们，在我们毕业后会有一份周薪4.5美元的会计工作。他的课没有启发，也没有鼓励，只有高高在上地对学生的嘲弄和讽刺。但是，我认为他对我们的估计是正确的。雇用一个斯文思堡商学院的毕业生，工资如果超过了这个标准，也的确是给多了。

课程快要结束了，我的钱也几乎快花光了。我开始考虑回农场的事情了。随后的一天早上，斯文思堡"教授"在课上带来了一张明信片，这也是那节课的主要内容。"教授"讲道："我经常说有一份周薪4.5美元的工作等着你们，现在我给你们带证据来了。为了省邮费，公司没有寄信过来，而是寄了一张明信片。公司位于大急流城，他们告诉我公司会计职位需要聘用一位人员，每周 4.5 美元的薪水，他们请我推荐一位应聘者。我不希望你们全都去应聘，但是你们谁想要这个职位，课后来我的办公室，我会告诉你们招聘者的姓名和地址。"

全班的男生都笑起来了，认为这又是"教授"在取笑他们无用。但是我默默地移到门旁坐下。当老师上完课，正准备下楼的时候，我紧随而去。

老师给我写了一封信给斯塔德里先生，这就是要面试我的人。他在大急流城毡靴公司有投资。这位年轻人以前是在这里管账簿的，现在升为了主管。公司想找人代替他的位置。因此如果这位主管认为我够资格，那么我就能得到这份工作。

我去找了他，并被录用了。实际上管账只是工作的一小部分，我还要负责扫地和擦窗户，受人差使。在这里工作的首要条件就是我不能穿外套。因为主管非常"民主"，他不希望我们比他穿得还要花哨，所以不管我是在办公室，还是出门去市区办事，永远都穿着我的长袖衬衫。我能够被这里聘用恰是因为我有两件衬衫，可以隔天替换。

接下来就要解决我的生活问题了。我每周只有 4.5 美元的薪水，于是我找了一个小房间，房东是个寡妇，她希望有个男士待在家里，这里每周要支付 1 美元。在杂货店楼上有一家餐馆，在那里可以吃到一个不太干净的厨子做出的脏兮兮的食物，每周收取 2.5 美元伙食费，但我出不起这笔钱，因为我还要支付洗衣费。于是我和他商量，每周减少两顿饭，这样一周的伙食费我只需要交 2.25 美元。

当时的我年轻好动，自然总觉得吃不饱。所以通常对我来说最大的困扰是要放弃哪一顿饭不吃。我尝试过不吃早餐，但是我早上会很饿。也试过不吃午餐，但下午又会饿得受不了。剩下唯一的方法就是晚餐时快步跑过餐馆，然后上床去睡觉。然而这也并不容易做到，除非我从这条街道的对面跑过。一闻到食物的香味，我就会被引诱过去，甚至会忘了穿工作衬衫。

这听起来很可怜，但实际上并不是这样。比起我以前在杉林沼泽里面工作的经历，这已经好多了。我可以独自睡在一张床上，而不用和那些铁路工人挤干草堆。只要生活在变好，就不是艰辛。但是如果生活在走下坡路，即使是从大理石宫殿搬进一栋稍微便宜一点的宫殿，也会让人感到心酸。

毡靴公司里有一些是大急流城里有头有脸的生意人。由于公司只在冬季开售，所以整个夏天我都在忙着借钱，为冬季的开售做筹备。董事会发行了公司的债券。我的一项工作就是跑来跑去，取得授权书和续订协议。我就是在这个过程里遇到了比塞尔先生的。他是比塞尔地毯清洁器公司的老板。

他为人和蔼，从他身上我看到了自己有升薪水的可能，于是有一天在他吃午饭的路上我拦住了他。告诉他一周靠着 4.5 美元的薪水，我生活得多么辛苦。一路上我告诉他一周里面我不得不少吃两顿饭，但是我梦想着能吃到馅饼。我知道一家餐馆晚餐时供应馅饼，但是伙食费每周要 3.5 美元。当时我最大的梦想就是能吃到那里的馅饼。

从他身上我又对人性有了新的认识：挣扎和贫困并不能打败他，他太熟悉这些了，并且认为这些对一个人的成长是有好处的。但是他也喜欢吃馅饼，并且是来者不拒。于是他邀请我去他家吃馅饼，并且给我安排了一份周薪 6 美元的工作，这样我就可以每天吃到馅饼了。

❹ 做事的方法一定要到位，不能坏事

那次交流之后，我和比塞尔先生经常联系。很快，天气转凉，我的工作任务也加重了。

有一天，比塞尔先生对我说："我听说你现在工作很努力。"

我回答："我现在是得努力工作，因为我已经轻松好几个月了。"

他非要我讲讲细节，于是我告诉他每天凌晨 2 点我才离开办公室，早上 8 点就又开始上班了。跟我之前认识的大人物一样，他也是个工作狂，经常一个人干三个人的活儿。所以听到了我现在的作息时间，他对我很感兴趣，迫切希望我加入他们公司。

在事业初始阶段，我们不能光靠工作业绩就评判一个人做得好不好。肤浅的人往往根据喜好来评判，但这种人是不值得我们交往的人。真正的成功人士是根据我们对工作的热爱来评判的，因为这种热情也是他们成功的基础。他们雇用我们来工作，最看重的自然是我们的工作能力。

最初，2 月份的时候，我在比塞尔地毯清洁器公司做会计助理，每个月 40 美元。到了 11 月份，我的工资涨到了 75 美元，职位也升到了会计主管，之后就没什么晋升空间了。

我开始分析原因。我的思路是这样的：每个企业都会尽量减少开支，会计员其实算是公司的一笔开支，另外我也不比其他会计岗位的同事更有能耐。高额薪水是给销售员的，是给那些能为公司带来订单的人的，或者是能为工厂减少生产成本的人。他们为公司创造了利润，完全有理由从这些利润中获

得合理的一部分。我看到了公司"盈利"部分和"开支"部分的差别，决心不再成为"开支"的那一部分。

正好这个时候，我们经理查尔斯·贾德先生给我们财务室拿过来一本约翰·鲍尔斯写的宣传手册。鲍尔斯是当时广告业的权威，也可以说是广告业的开创者，因为当时广告业正处于新生时期。他之前在费城的约翰·沃纳梅克公司做广告文案，在那儿开创了一种新的广告理念：讲真话，但是要讲得跌宕起伏、让人信服。沃纳梅克公司给他 1.2 万美元的年薪，在当时绝对是高薪。他一时成了广告界的模范和偶像。从某种程度上说，他今天也是这样，他所倡导的一些原则今天仍是我们广告界人士要了解的基本要素。

约翰·鲍尔斯后来离开沃纳梅克公司，开始单干。比塞尔公司的东区经理汤姆斯·威廉斯非常崇拜鲍尔斯。我也从威廉斯那儿听到了很多关于鲍尔斯的故事以及他的一些戏剧性广告。

我记得其中有一个故事是发生在匹兹堡。一家服装公司濒临破产，向鲍尔斯请求帮助。鲍尔斯马上分析了有关情况。他说："现在只有一种办法，就是讲真话。告诉大家你们要破产了，唯一的挽救方法就是立即大甩卖。"

服装商说宣告破产会让他们的债权人都跑来要求还钱的。但是鲍尔斯说："没关系，要么你们说实话，要么我就不帮你们了。"

第二天这家公司登出的广告大致就是这样："我们快要破产了，欠下了 12.5 万美元的债务，无力偿还。这条公告会让我们的债主找上门，但是如果您明天能够过来购买我们的衣服，我们就有钱还给他们了。如果您不来，那我们就彻底破产了。为解决当前危机，我们的服装定价如下……"

在当时，说实话的广告确实是很罕见的，所以立刻就引起了一次轰动。一大批富有同情心的人纷纷拥入这家服装公司，最终拯救了这家公司。

还有一次，一家公司请他给一批处理不掉的防水雨衣做广告。

鲍尔斯问他的客户："这些雨衣出了什么问题？

客户回答说："这事咱俩保密，这些雨衣都坏掉了。这是真的，当然，在广告里就不用提这个了。"

第二天广告出来了："我们有 1200 件坏掉了的雨衣，几乎没什么用了，但是我们的价格绝对公道。您可以过来看看，如果觉得值这个价，那就买回家吧。"

那位客户马上找到鲍尔斯，准备揍他一顿。"你什么意思？！在广告里说我们的雨衣坏掉了！"他吼道，"现在让我们还怎么卖雨衣？

"这些可都是你告诉我的，"鲍尔斯回答道，"我不过是告诉人们真相罢了。"还没等客户冷静下来，他们家的雨衣就已经卖光了。

也正是那个时候，在他声名远扬之时，鲍尔斯先生应威尔斯先生邀请，给比塞尔地毯清洁器公司送来了一本牛皮纸质的宣传册。鲍尔斯先生的一个理念就是做事的方法一定要到位，不能坏事。我现在还记得很清楚宣传册里第一句话是："地毯清洁器，找到了合适的那一款，您再也不会选择其他。"

当时，他一点都不了解地毯清洁器，也没有研究过我们的销售情况，完全不了解我们的问题。他也从来没有研究过家庭主妇对地毯清洁器的要求。

我对贾德先生说："这个广告是卖不出地毯清洁器的。宣传册里没有一个词能够吸引女人来购买。让我来试试吧。3 天之后我会给你一份宣传册，可以和这份做比较。我会根据对公司已了解到的问题来写的。"

贾德先生笑了，但还是同意了。接下来两晚，我几乎没合眼。第三天，我把宣传册交上去，所有人都选择用我的版本代替鲍尔斯的版本。鲍尔斯先生起诉了贾德先生，但是他们依然坚持用我的宣传册，并赢得了诉讼。

当时地毯清洁器公司都还在起步阶段。用户、销量都很少。由于宣传效果良好，我请求增加宣传册的发行量。圣诞节快到了，晚上在街上走的时候，我想到了一种方法：用清洁器作圣诞礼物。之前从来没有过这样的销售方法。我设计了一个陈列架来展示我们的清洁器，然后制作了一些卡片，标上"最佳圣诞礼物"。然后我找到经理，希望他允许我通过信件的方式来招揽一些客户。

经理嘲笑了我一番。他之前也是一名销售员，实际上公司所有的主管都当过销售员。他说："你走到大街上试着卖卖清洁器。不管你是在哪儿，你会发现这些清洁器都卖不出去，一些卖家都准备白送了。你只有拿着一把枪，把人逼到墙角，胁迫他签下一份订单才卖得出去。所以你说通过信件的方式来宣传销售，我只能笑了。"

但是由于我之前做的宣传册确实赢得了他的尊重，所以他答应我寄几千封信试试看。我在信中向经销商们介绍了陈列架和圣诞卡，并承诺圣诞节销售期间会为他们免费提供这两样东西，不是作为礼物，而是作为一种回报。不仅当时，而且之后的销售生涯里，我都没有请求过经销商购买我的产品。请求是毫无意义的，我只提供服务。我要求经销商签订一份协议，表示会在陈列架上展示清洁器和我制作的卡片。这种方式也确实让经销商联系我了。

我寄出了大概 5000 封信，收到了 1000 份订单。这是我们公司第一次通过邮件宣传收到的订单。正是这种新的想法让我从"开支"部门进入了"挣钱"部门。

但即使是当时，我还是没有勇气，不敢在事先没有做好充分准备的情况下，就进入拉业务的领域。这一点又是受我母亲的影响。因此，我决定白天研究这些新学问，晚上算账本。这样持续了好久，一般都是半夜之后，通常熬到凌晨 2 点，才离开办公室。

小时候我曾学过一点关于林木方面的知识，经常收集周围各种木材的样本，然后和其他孩子交换。因此我收集了很多有意思的木头。就是这个小爱好，给了我下一步营销策划的灵感。

我想到一个点子，就是用一些有意思的木材来制造比塞尔地毯清洁器。如果说之前圣诞节的想法让那些嘲笑我的人最后也喜欢了我的点子，那么这个点子会让那些看不起我的人也激动起来。我请生产商用 12 种不同的木材来生产我们的清洁器，一个清洁器用一种木材，从白色的鸟眼纹枫木到深色的胡桃木，由浅至深包括所有颜色。

这引起了强烈的反对。我前面说过，公司所有的主管都当过销售员，其中有一个还是一些新设备的发明者，很有权威，也很受尊重。他说："为什么不说一说清洁器的清扫工作原理、专利倾卸装置、轴承以及其他一些我发明的伟大的东西呢？

"我是在向家庭主妇们做介绍，"我回答道，"她们不是技工。我想用她们能够听懂、能够理解的方式做介绍。"

最后他们做出了让步，让我这么做了。毕竟我之前做到了他们认为不可能的事——通过邮件卖出了清洁器。由于他们也找不出什么别的拒绝的理由，于是答应我生产 25 万台清洁器，全部采用这 12 种木材。

在他们生产木制清洁器的同时，我也在筹备我的计划。我给经销商写了信，内容如下："比塞尔地毯清洁器公司现在提供 12 种木制清洁器，用的是全球最棒的 12 种木材。我们还免费赠送给您陈列架，同时附上宣传册，以展示这 12 种木材。这种机会我们只提供一次。现在唯一的条件是需要您签订随信协议：请务必在陈列架上展示该产品及我们提供的卡片，直到所有清洁器都卖出去；在 3 周内，每卖出的一件产品，都要赠送一本我们的宣传册。"我提供的是优惠待遇，而不是在诱导他们，并且看上去我也是在做好事，而不是推销产品，因此这些经销商们都纷纷响应。3 周内我们卖出了 25 万台清洁器。

在此，让我们先打住一会儿。这是我进入广告业的开端，是我第一次试水成功。跟我之前做过的事一样，这次的成功靠的是迎合人心。这招不仅让我们赢得了经销商，也赢得了客户。它扩大了地毯清洁器的使用率，也让比塞尔地毯清洁器在市场上赢得了垄断，这种垄断一直延续到了今天。

有人可能还是会说："我又没有这样的机会，我干的也不是广告这一行。"当然，每个人都来自不同的行业，但是世上总有成千上万的机会。没有哪一行要比在那个年代卖地毯清洁器还要难。任何事都是一样的，光靠普通的广告是行不通的。一台地毯清洁器可以用 10 年，利润只有 1 美元左右。对于这样的产品，之前从没有人通过普通的广告方式就可以获得盈利。

不管年轻人在哪个领域，他们都不会碰到比这更少的机遇了。不管是在银行业、木材公司、轮胎公司，或者杂货店，都可以遇到比我当时更好的机遇，唯一的区别在于人的观念。我觉得作为一个文职办事员是给公司带来开支，而开支往往是要尽可能削减的，所以我努力进入盈利阶层，发展就没有这样的限制。

用 12 种木材生产清洁器的成功事例为我赢得了很大的名誉，但我还想寻找一些别的新颖的想法。我去了芝加哥，见到了一台用朱红色木料制成的普尔曼车。这是一种非常漂亮的红木。于是我去了普尔曼的工厂，询问了有关情况。他们告诉我这种木材来自印度，那里所有的森林都归英国政府所有，囚犯们把树砍倒，然后由大象把这些树拖到恒河岸边。这种红木比水的密度大，所以每排红木两头都捆了一根普通的木头，这样就可以浮在水上，顺流而下了。

我的脑海里顿时产生了一幅很有意思的画面：政府的树林、囚犯、大象、恒河。在回家的途中，我就一直想象着这个画面。

但是第二天我又回到了大急流城，回到了现实。我的老板们对于森林、印度王侯、大象之类的都没有什么概念。他们倒是改进了一款新的倾卸装置。

所以当我一直都在积极地跟他们说我的想法，请他们去订一批红木时，他们只是笑笑，然后再一次申明清洁器用户不是买木材，他们想要的只是良好的清扫性能、高效的倾卸装置、纯猪鬃刷等。瞧这多荒唐啊，和他们理论简直是对牛弹琴。

但是，之前的成功让我有了一些声望，所以最终我还是成功地让公司的人帮我订了一批我想要的木材。等待这批木材到来之时，我开始着手准备广告宣传。我将信件的抬头印成朱红色，信封也是朱红色的，用白色的墨水写地址。我打印了 200 万份宣传册，封面为朱红色，还有一个印度王侯的头像。宣传册里讲了一个故事，为的是引起人们的好奇心，让主妇们都来看看这种木材。好奇心是最有效的因素。图片也展示了那些森林、囚犯、大象、恒河以及普尔曼车。我打印了 1 万封信，向经销商推荐了这种木材。

几周后，这批木材到了，是刚砍下来的形状。几个小时后，工厂负责人约翰森先生含泪走了过来，对我说："我们本来打算锯开这些木头的，结果锯子都断了。这些木材跟铁似的，根本没办法锯开。整批货都要浪费了。"

我鼓励他："打起精神来，约翰森先生。每个人都有自己的难题要解决。他们曾对我说，我通过邮件是卖不出地毯清洁器的；结果我做到了。现在你是工厂的专业人士，可不能被这个问题难倒呀。"

于是他想办法用横割锯把这些原木锯开了。可是他又带着新抱怨来找我："这种木材钉不进钉子，因此我根本没办法用这种木材来做清洁器。"

我说："约翰森，你真是麻烦。来，你坐到我的位子上来，试着卖卖清洁器，我来帮你生产这些清洁器，帮你钉钉子。"

但是问题一个接着一个，像暴风雨一般袭来。生产几乎停滞，清洁器的成本也不断攀升。因此我不得不做出让步，每 12 台清洁器中只有 3 台用红木，其他的用普通木材生产。

很快，我准备寄出这些信件了。信中我并不强迫经销商购买这些清洁器，只是给他们购买的特权。如果马上下订单的话，供货每 12 台清洁器里面会提供 3 台红木清洁器。经销商可以自主决定销售价格。但是我们销售红木清洁器只此一次。唯一的条件是他们要签订随信附上的协议：在清洁器卖出之前，他们必须一直展示清洁器以及我们寄过去的宣传卡；而且在 3 周内，店里卖出的所有商品内都必须附赠上我们的红木清洁器宣传册。这样，经销商又一次处在一种他们恳请要和我们做生意的位置上了。

广告的反响很热烈。比塞尔地毯清洁器在接下来的 6 周内，挣到的钱比之前任何一年的收入都要多，而且经营地毯清洁器的经销商数量也随之大增，同时，这种当时使用度并不高的产品让主妇们很感兴趣。

之后我便放弃了记账的工作，全心全意开始营销。我把成本 1 分钱的信寄给经销商，卖掉的清洁器比 14 个销售员在街上卖出去的还要多。同时，我们的销售员也可以介绍一下产品的新特点，从而也增加了清洁器的销量。因此，比塞尔地毯清洁器获得了今天的市场地位，拥有近 95% 的市场份额。广告都是通过经销商发出去的，需求在不断增加，我相信比塞尔公司成了大急流城最富有的公司。

我的工作是每年设计 3 个营销方案，涉及成品装饰和木材。举个例子，我发现有一个人有一种给面板上色的方法，并且申请了专利。这种彩色液体放在面板底端，如果把面板倒过来，液体就会顺着面板流下来，产生一种不可思议的唯美效果。我给产生这种效果的木材取了一个名字，然后把样本也附在我的信件里。

我又向经销商提供每 12 台清洁器包含 3 台镀金清洁器的方案，跟我们在芝加哥的世界博览会上展览的一模一样，这样就相当于把世界博览会展示在全国上千个橱窗里。

但是两三年之后，我也想不出什么新方案来了。对于地毯清洁器，要创造出各种吸引人的成品装饰，确实有很明显的限制。要想出新的点子越来越难，我感觉自己已是黔驴技穷了，于是决定开始寻找更广阔的空间。

这时，芝加哥洛德暨托马斯广告公司正好第一次向我提供职位。他们公司有一个叫卡尔·格雷格的策划，正要辞职去《越洋》杂志，帮他们提高销量。洛德暨托马斯广告公司看了我的清洁器销售策划，就请我接任格雷格的工作，工资比我在大急流城要高得多，因此我跟比塞尔公司的人说我打算接任这份工作。然后比塞尔公司召开了一次董事会。董事会的每个人都曾强烈反对过我的想法，也从来没有停止嘲笑过我用木头做地毯清洁器的点子。但是他们都一致同意用跟洛德暨托马斯广告公司一样的待遇来挽留我，于是我就留下来了。

　　但是我当时就已经知道，这只不过是一个临时决定。我感觉有股力量在召唤我开拓更广阔的领域，芝加哥提供的那份职位也进一步推动了我的这个抱负。之后我获得一个更好的机会，我就辞职了。

⑤ 想要推销产品，就要迎合千千万万消费者的需求

那个时候我遇到了难关，因为我在大急流城几乎没有发展空间了。洛德暨托马斯广告公司给我的工作邀请让我名声更响。同时也因为母亲的遗传，我心中开始有了雄心壮志，我想飞得更高。

但是当时我在大急流城盖了新房子，我所有的朋友都在那里，在当地我还有一定的名气。我很清楚，如果去一个大一点的地方，就得告别最喜欢的东西。

我认为，根据大众的标准，我就应该拥有雄心壮志，这种想法在每个地方都备受鼓励。但是我还是常常回到大急流城，我羡慕老朋友们的生活。他们的生活一如既往的平静，有保障，他们也没有太高的目标，财富和事业都处于中等水平。但是回过头看看我自己，风里来，雨里去，并没有获得比他们更多的快乐。我名利双收，却从来都无福消受，我一直想过一种平静的生活。这本书是在大急流城附近的花园里写的，这里的花园有一种家的感觉。在这里跟朋友聚在一起的时候，真的很难说当初谁的选择更高明。

当时芝加哥有一家叫作斯威夫特的食品包装公司，他们刊登广告要招聘一名广告经理。我搜了下这家公司的资料，发现他们的资产为1500万美元。我还打听到，他们打算每年在广告上投入30万美元。这笔投入在当时来说，足以让他们跻身美国最大的广告客户之列。我觉得比塞尔公司提供的机会还没有他们的十分之一好，所以决定要得到芝加哥这家公司的岗位。我丝毫不怀疑自己能做好这份工作。在密歇根的时候，我呼风唤雨，所以从没想过其

他重要人物可能把我当奴才使唤。

我去了芝加哥，然后又去了好几处牲畜饲养场。之后被引见给里奇先生，他主管人造黄油部，就是他极力主张公司刊登广告。

我说道："里奇先生，我是来应聘的。"

他和善地对我微笑着，问了我的名字和地址，然后在一张纸上写下了我的名字。我的名字前已经写上了一串人名。

我问道："这些人都什么来头？

"怎么了？这些也是求职者。一共105人，你排在第106位。"

我怔住了，106个人认为自己能做这个高管，简直是不知天高地厚。

我回过头对里奇先生说："我来这里，主要是想学习做广告的基本原则，并非一定要拿下这个职位。我还是很喜欢大急流城，我觉得在那里很舒服。但是这个职位对我是一个挑战，我会向你证明我才是最合适的人选。"

里奇先生又笑了，他说："那你就来吧，祝你好运。我们等着你来说服我们。"简单地聊了几句之后，他就让我走了。

我熟悉芝加哥所有大型广告公司，他们都曾请我给他们订单。于是，那天下午，我挨家挨户去找他们，说："请帮个忙，今天就给芝加哥联合饲养场斯威夫特公司的里奇先生写封信，谈谈你们对克劳德·霍普金斯的看法。"大家都答应了。我知道，有些人还会写一些非常奉承的话。

当晚我回到了大急流城。当时我正受雇于当地商会，给他们写大急流城的历史。商会成员很喜欢我写的东西。由于写了这本书，我有机会接触到一些商界领袖。第二天一早，我便开始去拜访他们。我首先约了银行家，其次是家具制造商，然后是批发商，接着是其他行业的商人。这件事花了几天时间。我对他们每个人都说："请帮个忙，给芝加哥联合饲养场斯威夫特公司的里奇先生写封信，谈谈你们对克劳德·霍普金斯的看法，说说他写作和做广告的水平。"就这样，信件如潮水一般涌向里奇先生。

然后我又去了《大急流城先驱报》，对他们说："我想每天给你们报纸的双栏广告页面写几篇文章，不用你们付钱，同时这些文章还可以教那些广告主如何做广告。但我唯一的条件就是，你们要允许我在文章上署名，同时还要在文章见报时刊登我的照片。"

　　他们同意了。这么一来，每天晚上下班后，我都要给那个双栏页面写文章，然后骑着车在午夜之前赶到报社交稿。所有的文章都是针对斯威夫特公司，写给里奇先生看的。我要通过写作表明我对广告的了解。文章一见报，我就给里奇先生寄过去。经过 3 个星期的"轰炸"，我终于收到了斯威夫特公司发来的电报，让我去芝加哥。于是我去了，但还没有决定是否接受入职邀请。我比以前更加清楚，离开了大急流城，我会很孤单。但是我得完成我的征途，所以我去了。

　　我们没有讨论薪水的问题，那个时候讨论还太早了。我的想法是，为了逃离那里，我要开一个他们出不起的价。我也这样做了。L.F. 斯威夫特先生（公司当时的总裁 G.F. 斯威夫特的儿子，现任公司总裁），拒绝提供这么高的薪水。他没有读过我的推荐或文章，我也没给他留下什么印象，他脑海中所考虑的只是我开出的价钱。

　　里奇先生建议当天下午再开个会进行研究。他请我出去一起吃午餐，吃饭的时候他像一位父亲一样跟我说话，他告诉我，我的圈子很小，将来也会生活在那个小圈子里。他说斯威夫特公司给我提供的职位会是我一生中最重要的一次机会。斯威夫特公司有很多商品要做广告，我的前途将不可限量。我被他说动了。吃过午饭，我回去接受了他们给我提供的薪水，并答应在 3 个星期之内上班。

　　第二天早上，我回到在大急流城的家，刚到门廊就看到了妻子和孩子。我家门前有一棵遮天蔽日的大树，满地的绿草和鲜花。饲养场和我家比起来，只有肮脏的牲口棚和猪圈，而且去办公室的路上，有半英里①路段非常泥泞。想到这些我就后悔了，我付出的代价似乎太大。如果不是已经做出了承诺，那个早晨我肯定会回去过一种稀松平常的生活。而现在，时间已经过去30年了，今天早上我还是认为我那个时候应该回家。

3个星期之后，我去了芝加哥。在43号大街找到了住处，因为那里有车开往饲养场。我的房间又小又黑，既脏又乱，得跨过坛坛罐罐才能到床上。我在衣柜上贴了一张大急流城老家的照片。只有把那张照片翻过去对着墙，我才能睡得着。

第二天早上我去了饲养场，正式开始了我的工作。里奇先生不在，于是别人带着我去见了L.F.斯威夫特先生，而他根本就不记得我了。

我说："3个星期前您雇了我做广告经理。"

他回答说："是吗？我完全不记得了。如果你真的被录用了，那就去找豪微吧。"

看到他用这种方式接待一个孤身前来的人，我的挫败感一下子涌上心头。怎么能这样对待一个骄傲、自认为很重要的人呢？我虽然从小地方来，但在当地也是人人知晓。怎么能这样对我？

但我所受的冷遇还是超出了我的预料。我被录用时，当时的总裁G.F.斯威夫特先生人在欧洲。他当时是第一次休假旅行，但是他受不了闲下来，于是很快又回来了。一回来他就问我在他的办公室里做什么。当他知道我在那里花他的钱（做广告）时，马上就变得很不爽，此后这种态度一直没变。

他立刻就做出安排，于是我的位置岌岌可危。他表示他的生意不是靠印发广告创建起来的，他不会去讨好谁，或者是让别人赞助，他完全是靠实力获得一切的。他对广告商的蔑视就如同将军对诗人的蔑视一般。

---

① 英里：英制长度单位。1英里约等于1.609千米。

他的态度让我的工作很难开展。我从一个有人情味的地方来，在那里，办公室里的同事都是朋友。而在这里我则进入了一个战场，办公室里里外外，每一个生意理念都会引起冲突。30 年前的食品包装行业跟今天的情况完全不是一个概念。

G.F. 斯威夫特先生是个非常虔诚的信徒。我看他对自己所做的事非常自信，但他专制独裁，因为那个时候商场如战场，没人会给对方喘息之机，也没有人讨饶。后来，这种态度让公司的名声变得很坏。

斯威夫特先生是一个好斗的人，我就是他的一个靶子。我看起来傻傻的，而且是在他旅行时被塞进公司，是来浪费他辛苦挣来的钱。于是我就要承担相应的后果。很多人一听他说话就吓得发抖，而我则是抖得最厉害的那个。

在斯威夫特先生看来，广告就是在冷藏车上画个标记，让这种车到处跑，再加上一些比较醒目的词句，广告就做好了。可我的广告词永远不够醒目。

接下来就是制作广告年历。他对这类东西有着很明确的想法，可我从来就不同意他的看法，所以我也就无法迎合他的想法，博得他的欢心。

有一天，他让我拍一张牛肉的侧面照片，要挂在他的肉食厂里。我觉得这次的测试至关重要，所以找了 6 个摄影师过来。我们从仓库里找出最好的半扇牛肉来拍照。第二天早上，我把照片拿过去给他看，请他在其中挑一张。

没过多久，我就看到斯威夫特先生抱着照片，从办公室里冲出来，像一头愤怒的公牛。他冲向我的桌子，但还有 20 多英尺 ① 的时候停了下来，把那堆照片一股脑儿扔给了我。

然后他走过来说：“你觉得这些东西看着像牛肉的侧面吗？怎么没有颜色？你以为会有人买黑乎乎的牛肉吗？”

我解释说，照片显示不了颜色。然后他回答道：“我认识一个会画彩色牛

---

① 英尺：英制长度单位。1 英尺等于 30.48 厘米。

肉的姑娘，我可以让她来做。"就这样，那个姑娘就来我们办公室上班了，她的处境比我好多了。

那个时候，斯威夫特公司的主要广告项目就是为"康托苏特"做宣传。而一家名为菲尔班克的公司已经在为"康托莱尼"做广告了，并且发展得很快。我面对的主要难题就是跟这家公司进行竞争。

"康托莱尼"和"康托苏特"都是人工合成猪油的品牌。里面的成分是棉籽油和牛板油。这两种油是烹饪所用的猪油和黄油的替代品，价格却比它们低得多。

"康托莱尼"是最早的品牌，一开始就来势汹汹，很有优势。作为一名广告人员，大家都期待我能够赶超"康托莱尼"，并且打败这家公司。那种情况就好比现在用一块普通香皂和"象牙牌"香皂进行竞争一样。

公司在波士顿开设了一个分销处，并开始在新英格兰地区做广告。有一天，L.F. 斯威夫特先生来到我的办公桌前，说："我们在广告上花了这么多钱，我父亲很不安，他觉得太浪费了。到现在为止，广告的效果还不是很理想。你来这里快 6 个星期了，但我们负责的'康托苏特'的销量并没有什么提升。"

我没有必要跟他解释什么，他也知道我们的广告运营才刚开始。但是我清楚，我得通过一些立竿见影的手段，帮助他摆脱困境。

那天吃完晚饭，我到大街上散步，分析自己的处境。我在大急流城获得了很大的成功，但是在这里却举步维艰，原因何在？过去的经验教训当中，有哪些可以照搬过来帮我解决斯威夫特公司的问题呢？

午夜时分，在印第安纳大街上，我想到了一个办法。以前在大急流城的时候，我创造过轰动效应，提出过让人跃跃欲试的点子。当时我没有直接告诉大家："别买别家的东西，买我们的。"我只是给他们一点点诱惑，让他们愿意掏钱来买。

为什么不能把这些原则用在"康托苏特"？那个时候，罗斯切德公司刚刚建完一个商场，两个星期后会有一个开业典礼。我认识他们的广告经理查尔斯·琼斯先生，所以我决定去找他，给他的开业典礼制造点轰动效应。

第二天我去了。他的杂货部在五楼，有一面很大的临街玻璃窗，我请他允许我用那个窗户来做广告。我说："我要在这里烤一个世界上最大的蛋糕，然后在报纸上大做广告。"我还许诺说会把这件事变成开业典礼上最特别的活动。

我的想法是用"康托苏特"代替黄油做一个蛋糕，然后就可以宣布，比黄油还好的产品当然也要比猪油好。

琼斯先生接受了我的提议。然后我跑到隔壁的霍萨特面包店，请他们帮我做这个蛋糕。我让他们做一些特用的托盘，用最让人注意的方式装饰蛋糕，并把蛋糕做得跟屋子一样高。他们照我说的做了。

开幕式的时候，我在报纸上发布了半版广告，为那个世界上最大的蛋糕做宣传。那天是星期六，晚上商店就会开业。晚饭后，我自己也去看那个蛋糕，可是被堵在离商店还很远的国家大道上了，去商店的汽车都被挡住了去路。于是我走路过去，前面人山人海，费了九牛二虎之力我才挤到门口。每一个大门入口都有一个警察，执法人员已经把大门关上了，因为里面实在容不下这么多人。

接下来的一个星期里，十多万人爬三四层楼梯，只为去看那个蛋糕。电梯根本装不下这么多人。我派了演示人员在那里派发蛋糕的样品，然后给那些猜蛋糕重量猜得最准的人发奖品，不过前提是大家得先买一桶"康托苏特"。

那个星期以后，"康托苏特"在芝加哥开始盈利。我们有了成千上万名顾客。

接着，我组织了一个小组，负责把我们的计划推广到东部的其他州。这个小组包括一名蛋糕烘焙师、一名蛋糕装点师、三名演示人员以及我自己。

我们去了波士顿，在库柏、贝兹还有叶尔萨的商店里做了展览，但还不到中午就让店家赶走了，因为来的人实在太多，商店的生意都做不成了。

随后我们又去了纽约的中心地带，在每一个城市，我们都学到了新的方法，扩大了战果。我们总是找当地最有名的烘焙师，给他看我们在其他地方做活动的新闻报道剪辑。我们答应让他来做这个蛋糕，并大力宣传是他制作了这个蛋糕，条件是他要买一桶"康托苏特"，有时候是两桶。然后我们又跑去找最有名的百货店，给他们看我们展览的成果，然后答应只要他买一箱罐装的油，我们就把蛋糕放他的店里。

无论我们走到哪里，我们总能卖出足够的"康托苏特"，这就保证了我们一开始就能盈利。然后我们雇几个孩子在最主要的大街上叫卖："晚报晚报，大蛋糕的最新消息。"结果，我们使得展示大蛋糕的商店像被洪水淹没了一样。这样，在每一个城市，我们都有了成千上万的长期顾客。

最后，我们到了克利夫兰。克利夫兰有一个公共集市，我们不可能把油一桶一桶地卖给集市里的杂货店。但是我们和集市的管理方谈妥，借用他们的乐队和报纸版面用一个星期。结果，克利夫兰出动了一半的警力来维持秩序，让大家能够走动。集市里拦了很多绳子。我怀疑，整个星期这些摊子都卖不出东西，但是毫无疑问，我们卖出了很多"康托苏特"。

回到芝加哥后，L.F. 斯威夫特先生对我说："这次的广告促销是我见过的最好的促销。我们父子俩都认为这件事情你办得相当不错。"

就这样，我赢得了斯威夫特公司的信任。

很多人说，这次的活动并不是广告。对于他们来说，广告就是印一些赞扬产品的标语，但是普通的赞扬并不会产生太大的影响。如果你想推销产品，你就得学学那些推销员，学习那些兜售产品的人。世界上的任何言辞都无法与生动精彩的演示相提并论。

还有些人认为，说几句漂亮的话就可以盈利。对此，我不敢苟同。我曾经花上好几个小时听他们的主张。他们也许会把一套完整的礼服说成是最好的潜水衣。但那些华而不实、夸夸其谈的人是不可能打开顾客的钱包的。推销产品的方法就是推销产品本身，这种推销就是要靠样品和演示。演示越吸引人，收到的效果就越好。在广告业获得成功的人并非那些很有教养的人，也不是那些小心翼翼、让自己看起来斯文礼貌的人，而是那些知道如何能激发普通大众的热情的人。两者的区别就像查理·卓别林与罗伯特·曼特尔的区别，或者说是《舞会之后》与《月光奏鸣曲》两者的区别。如果我们想要推销产品，就要迎合千千万万消费者的需求。

⑥ 广告提供的不是产品，而是服务

尽管我取得了这么大的成功，但当我的广告诉求不再那么有效的时候，我和斯威夫特公司之间的矛盾又渐渐加剧。我们公司最大的市场之一就是面包师，这些人知道"康托莱尼"与"康托苏特"是一样的产品，而"康托莱尼"牌代用猪油降价了，所以他们不想花更高的价钱来购买"康托苏特"。

斯威夫特公司的业务是在竞争中奠定和发展起来的。他们可以接受任何报价，所以他们也打算降价。

我曾经设定了一个价位，每磅比"康托莱尼"贵一分半，那是获得利润的最低限度。我可以让普通消费者接受这个价格，可是和面点房的生意也是我们业务很重要的一部分。我们在波士顿设立了一个办事处，每月支出大约2000美元，那里有6个推销员，由阿尔德里奇先生主管。由于我们在那里创造出了需求，所以当他们对杂货店进行推销时，并不十分费劲。但他们向面包烘烤师推销时，却几乎没有任何成绩。

一天斯威夫特先生把我叫到了他的办公室，他说："这是一封波士顿分部的来信，我非常同意上面的观点。他们没有做出任何销售成绩，而且由于你给我们产品的定价高于'康托莱尼'，他们也不可能卖出任何产品。"

"他们错了，"我回答，"真正的销售艺术与价格无关，我能以过高的价格向顾客们推销，他们为什么不能用这个价格卖给面包师？"

斯威夫特先生说："你能做到吗？"

我回答说我可以，我可以用我所提出的原则将产品卖给面包师，就像卖给普通消费者那样。

"那么，"他问道，"你什么时候可以去波士顿？"

"两个星期以后，"我说，"我这边还有很多工作要收尾。"

"今天下午去可以吗？"他问道，"这事情很紧急。我们在波士顿亏损很大，我想在我们继续亏损前，就知道哪些方式是对的，哪些是错的。"

"我今天下午就去。"我出了办公室，走向我的书桌，上面堆满了一沓重要事项。我把这些交给了助理去打理，然后拿着公交车的乘车卡就出发了。那张卡是刚刚买来的，上面画着一张饼。

到了波士顿以后我见到了阿尔德里奇先生，他看起来十分气馁，并且有点破罐子破摔。他把对斯威夫特先生讲过的话又对我讲了一遍，说我是一个做生意的理论家，没人可以以一个高于"康托莱尼"的价格去销售"康托苏特"，从来也没有人做到过。

我说："你向谁推销不出去，告诉我几个名字。"

阿尔德里奇先生回答："到处都是，我们对谁也卖不出去。"

"告诉我一家。"我说道。

"好吧，切尔西的福克斯糕饼公司，"他回答说，"这是我们周围最大的一家。"

"马上带我过去。"我说。

阿尔德里奇先生照做了。我们到的时候福克斯先生正挽着袖子在烘烤面包，我们等了他一会儿。

他上前向我们打招呼的时候，我发现他带着一种好斗的情绪。他很忙，并且他知道我们没有任何他想要的东西。我看得出，他想尽快打发我们离开。

但是我像一个老熟人一样跟他打了招呼。我说："我是斯威夫特公司的广告经理，我从芝加哥过来，向你咨询一张卡的事情。"

我将乘车卡放在 50 英尺开外的地方，然后走回来，请他看看这张卡。

"这张卡,"我说,"是用来展示最理想的糕饼的。我们在这上面花了一大笔钱。艺术家收了我们 250 美元才画出这个,接着要将它铭刻在石头上。你所看到的颜色是在石头上分别进行 12 次涂染以后形成的。"我把我所知道的过程尽可能详细地表达出来。因为这个与烘烤的程序完全不同,他表现得非常有兴趣。

我告诉他,在印刷这些卡片之前我想要得到他的认同,我也确实得到了。他是个糕饼专家,对于印在卡上的那个糕饼,我想听听他的想法。

他突然一下就从一名面包师变成了一位批评家。我们开始讨论那张糕饼卡片。我找到任何方面有一点毛病时,他都会为之辩护。以前任何时候,在任何情况下,从没人这样向他请教过问题。他像我们所有人一样,喜欢这种新境况。

最后他坚持说这张糕饼卡已经完美地表现了一个糕饼,没法再提升了。他如果能够做出那样的糕饼,他可以得到整个波士顿的生意。

然后我劝说他留下这张糕饼卡。我说:"波士顿有多少家店铺在卖福克斯糕饼?

"大约 1000 家吧。"他回答。

我说:"我可以帮你把这卡搞得再漂亮一点,让它们进入每家商店。你对我很好,让我也报答一下你。但我必须在这些卡片上做'康托苏特'的广告。这样吧,我们在每张卡片上都写:福克斯糕饼只用'康托苏特',因为它使糕点酥松。如果你现在订货,你每买一车'康托苏特',我可以给你提供 250 张这种卡片。"

他接受了这个提议,预订了 4 车"康托苏特",拿到了 1000 张卡片。

接着我又去了普鲁威登地区,到了阿尔特门的糕饼厂,达成了相同的交易。接着我又去了纽黑文、哈特福德、斯普林菲尔德,以及所有新英格兰地区的城市。在所有这些地方,我都成功地将大量的"康托苏特"供应给了当地的主要糕点店。他们的买卖也物有所值。

我回到波士顿的时候，拿到的"康托苏特"订单加起来比6个销售员6周所拿到的还要多。但是阿尔德里奇先生却表现得不屑一顾。

"你卖的不是'康托苏特'"，他说，"你卖的只是一张简简单单的糕饼卡片。到了没有这种优势的地方，我看你还能干些什么。我们最大的顾客之一是位于马萨诸塞州斯普林菲尔德地区的曼斯菲尔德烘焙公司，而在那里你已经给出了糕饼卡片的专有权。我想看看你用普通的销售技巧能做成什么。"

我立刻前往斯普林菲尔德，并在周六傍晚抵达。我到了曼斯菲尔德烘焙公司，发现泰迪·曼斯菲尔德正在卷着袖管工作。我等他完成工作以后对他说："泰迪，今晚我被邀请去参加一个商业俱乐部的宴会。我孤身一人，不想这么独自前去。他们允许我带上一名客人，我想请你陪我一起去。"

泰迪拒绝了。他说他从来没有参加过宴会，也没有合适的衣服。我告诉他，我今晚打算穿的就是他现在穿的这种衣服。就这样，最后他同意了。

那天晚上对泰迪·曼斯菲尔德来说是难忘的一晚。他第一次见到了当地的知名人士。他玩得很开心，当我们告别的时候他对我非常友好。

那天晚上，在酒店门口，我说："周一早上我会来见你，给你展示一下你非常感兴趣的一些东西。"

"请不要来，"他说道，"你今晚对我这么好，我没法拒绝你的任何要求。但是我现在已经积压了很多'康托苏特'，在我的储藏室里面还有40包，可你知道，我都用不起它们。我会很高兴再次见到你的，但是求你不要再让我买'康托苏特'了。"

星期一早上，我到了泰迪·曼斯菲尔德那里，与往常一样，他卷着袖子在干活儿。我说："泰迪，我不想跟你聊'康托苏特'，但是我有一个提议，我是斯威夫特公司的广告经理，我可以做到一些其他人做不了的事情。你在斯普林菲尔德地区非常知名，但是在别处就不是这样了。我想要提出一种方式，让曼斯菲尔德的糕饼能够从这里一直卖到芝加哥，一路名声大噪。"

然后我详细解释了我的计划。如果他预订两车"康托苏特"，我会在运货车的两边都涂上标牌，标牌上会写着：马萨诸塞州斯普林菲尔德地区的曼斯菲尔德烘焙公司将会用"康托苏特"烘焙所有的糕饼。"不是在车厢的一边，"我说，"而是两边，所以 900 英里内的道路两边的所有人，都会知道你。"

这个想法很吸引泰迪，类似的想法也吸引了无数之前和之后的其他广告商。这很愚蠢，一些人这么说。但是与"让每个人都知道你的名字"这个主意相比，这并不算傻。泰迪是那个年代普通广告客户的典型代表。他简简单单只想要传播自己的名声，于是他接受了我的提议。一周后，车就到了，我在那儿与他一道接货。泰迪看到这些贴有曼斯菲尔德糕饼标牌的车一路从芝加哥行驶 900 英里到达这里，露出了满意的神情，我也很少看到有人如他这般满意。

我在一周内卖出的"康托苏特"已经超过了 6 名售货员在 6 周里所卖出的总量。没有一位买家抱怨价格太高。斯威夫特先生打电话给我，让我解雇整个波士顿团队，但是我请求他延迟这个决定，等我回去向他解释我的方法后再说。

我见到斯威夫特先生的时候说："我不是在卖'康托苏特'，我完全没有谈论它，我卖的是糕饼卡与计划，而'康托苏特'只是附带售出了。"

"那我希望你能够教会别的人也这么做。"

"这是教不会的。"我回答。现在我还是这么觉得。差别就是最基本的营销理念差异。普通的销售员公开地寻求优惠，为自己谋利，他们会乞求："买我的产品吧，别买其他人的。"他向自私的人提出一个自私的请求，那么他肯定会遇到阻力。

我卖的是服务。我整个谈话的重心就是帮助面包师拓展他们的生意。满足了他们需求的同时，我自己能够获得的好处就暗含其中了。

我做广告的时候也是秉承这一原则。我从不号召大家购买我的产品，也基本不提价格，甚至很少说我的产品是由经销商在卖。广告提供的全是服务，可能还有一个免费的样本或者是免费套餐。这些听起来非常无私，但是却能够让那些有需求的人们知晓，并且采取行动。任何自私的诉求都无法做到这一点。

如今，上门推销也运用同样的原则。卖刷子的人打电话给家庭主妇，赠送她们刷子作为礼物；卖铝制品的人会展示一个盘子；卖咖啡的人提供半磅免费试用礼包，这些都很受欢迎。家庭主妇们都满脸笑容，全神贯注。接着，很自然地，她们通过购买产品来回报这种善意。

吸尘器制造商提供一周的免费家庭清扫试用期；电子马达制造商提供马达在缝纫机和风扇上试用一周；雪茄制造商向每位想要的客户寄出一盒雪茄。他们说："抽 10 根雪茄，如果愿意的话，可以返还剩余雪茄。这种试抽将不花费你一分一毫。"所有的东西都是在认可以后才得以销售。几乎所有销售产品都可以退还。所有的良好销售技巧，不论是写在纸上还是个人运用的，都是基于一些吸引人的服务。

好的销售员想方设法让自己的诉求被人容易接受。一个人说："把钱付给我，如果产品不满意我将退还全款。"另一个人说："不用给钱，我将产品寄给您试用，您想要就再订货，不想要就退还给我们。"

我经常通过邮购方式购买书籍。在某些杂志上，几乎每一期我都会看到一些我可能想买的书籍介绍。广告不会说"把钱寄过来"。如果他们真是这么说，那我就基本不会购买了。因为我的支票簿放在办公室里，到第二天，我会因为各种各样的原因忘记购买那本要买的书。但是他们会提出先把书寄来让我看看，只要我把优惠券寄过去就行。于是我会立即撕下优惠券，放入口袋，第二天早上就邮过去。

我从事广告业的早期，这些销售技巧都还很新颖。我相信我是第一批采用这些方式的人。毫无疑问，很多技巧都是我的原创。即使在零售店广告里，我都从来没有试图去卖任何产品。我总是提供一个新的优惠，这些优惠包括服务、利润、满足感和礼物，而不是我自己的任何欲求。

挨家挨户地上门推销也必须应用这些原则，否则销售极其有限。邮购广告商也是如此，因为这样做的结果有目共睹。但是这样做的结果不是那么清楚时，广告商在推销过程中却经常忽视这些原则。到处都是只顾呼喊着自己名字的广告商。他们说："购买我们的品牌，确保能买到正品。"他们的欲求很明显，那就是某些自私的欲望。这种广告方式可能在某种程度上起作用，但它带来的收益永远不可能像那些看起来无私的诉求那样。

但是斯威夫特公司拒绝给予任何东西，我从来就不能用他们的产品做样品。我们做过羊毛香皂、清洁剂、早餐香肠、火腿、培根和人造黄油的广告，并且也做得相当成功。但是我渐渐意识到在他们的限制下，真正的成功是不可能达成的。这些年让我越来越确信自己的这一观点。食品加工公司有许多产品线都可以用来做广告以获得利润，但是除了卡达希荷兰清洁剂公司之外，我从来没有听说过哪家食品加工公司在广告上取得成功。这是有特殊原因的，他们的广告机会都是因为自私而丢失了。他们一直怀有一个想法，那就是商业就是一场战斗，推销要靠"武力"，击败竞争对手需要靠更低的价格。这些想法现在已经得到改变，但还是不足以让一个食品加工商变成一家广告商。换句话说，相对于行业的大量机会，我所知道的任何食品加工商所取得的广告成功都不够充分。

在饲养场的日子，我几乎所有的销售构想都被视作禁忌。我发现我必须从这些限制中逃离出去，以实现我的理想，于是我开始了新的探索。

❼ 冒险去打一场商战是很愚蠢的

　　现在来谈一谈我不再赞同的一类广告。30 年前，医药行业给广告文案人员提供了一个绝好的机会，但这也对他们的能力提出了严峻的考验。如果没有需求，药品就是无人问津的东西。即使便宜到一分钱一瓶，药店也不会考虑进货。因此药品所有的销售都取决于广告的好坏。

　　当时，医药广告就如同今天的邮购广告一样，对一个文案人员的考验是非常严苛的。他的能力如何很快就可以通过产品的获利或者亏损显示出来，因为他要么就是把产品卖出去了，赚了钱，要么就是卖不出去。推销员、批发商和销售员都帮不了他。如果是卖面粉、燕麦或者肥皂类的生活用品，还可以通过批发低价或者促销等手段来提高销售。所以售卖生活类用品，很多因素都可以影响销售量，有时候很难去评估广告到底在其中起了多大作用。但医药行业不是这样的，广告就是唯一的影响因素。

　　就因为这个原因，在我那个年代，最杰出的广告人都去过医药领域接受培训。尽管他们都顺利拿到了毕业证，但也感受到医药广告对广告人的能力考验不小。不同于别的行业，这个领域里，无能的人会被淘汰出局，生存下来的人则会获得广阔的发展空间和荣誉。像这样置人于炉火上的行业，今天就只有邮购业广告是这样了吧。

　　那个年代里，医药广告主导了广告行业。它们可以刊登在最好的杂志上面，没有人会质疑它的合法性。因为在那个食品加工业的年代，人们会更关心铁路降价，或者雇员的通行证问题。现在重新回顾医药广告，我们能得出，经验和教训是如何改变创意和基本策略的。

每一个曾经的邪恶之物都有其存在的合理理由。药品制造行业有很多自视本领过高的人。他们认为自己以最合理的价格，为常见症状提供好的药物，这是一种人性化的服务，是在帮助那些付不起医疗费的人。他们还有很多别的理由以及无数的证据。至今我也依然相信那些药品制造商做了很多有益的事，尽管这些好处主要还是我自己认定的。

医疗科学在进步，医生们治病大部分也不用药物了。人们渐渐意识到生病的人应该先得到确诊，要查清真正的病因，而不是减轻病痛症状。对于大部分的疾病，建议病人自己用药都是不明智的。

很多年前，我就得出了这个结论。17年来，除了一些最常见的病症外，我再也没有为药品做过广告。我是绝对不会那么做的。就在我写这篇文章的时候，我拒绝了一个90万美元的广告。如今，和大家一样，我立场坚决，反对为损害公共利益的任何产品做广告。

所以请记住，在这儿说的这些其实我很多年前就已经想过了。它们与现存的社会准则规范依旧相符。我不了解社会精英，相比而言，我更了解在他们公司上班的普通人。我做的广告不受条件和时代的约束。但是为了公众的利益，选择做什么类型广告是完全不同的另一个问题。

在斯威夫特公司上班期间，我写过一篇关于药品专利广告的文章，这引起了舒普医生的注意。他住在威斯康星州的拉辛，通过代理商而非药店销售药品。由于代理商的生意越来越不好做，因此他想尝试着把药品放到药店里去卖，于是他写信让我去见他一面。

当时食品加工业限令已经出台，食品广告不好做。我意识到，对于广告人来说，医药行业是一个绝好的机会，于是我去了拉辛，和舒普医生交谈，最终同意了他的开价。

我发现有些药品只通过代理商销售，这些药物药店里面一瓶都没有。而普通的代理商撑不下去了，业务迅速下滑。我的任务就是创造需求，让药店提出进货要求。如果没有我这样在零售行业的这般经历，任何人也完不成这个任务。

我和舒普医生夜以继日地讨论目前的情形。我告诉了他我的经历，但只交流观念，不涉及具体的产品。然后我们想出了一个办法，就是通过药剂师签字保证药品效果来销售产品。人们买的不是药，而是最终的疗效。千里之外的广告商也会确保药品疗效，但是这些担保人大家都不认识。针对这种情况，我想了一个办法，让当地社区的药剂师来签下这个保证书，人们直接通过他来购买。

我首先在一款止咳药上试用了这套方案，取得了巨大的成功。这里有一款没有风险的止咳药，每个人都可以购买。如果取得了我们所保证的效果，那么带来的将是成倍的效益；如果效果不佳，那我们免费送出。当时市面上还没有一款止咳药可以与之竞争。

后来我又把这套销售方案用在别的药物上面——包括舒普医生的康复药、风湿药等，这些都取得了神奇的效果。别的广告只是做个承诺，而我们则提供确定性。因此我们获得了大笔的生意。

我们的担保基于 5 美元买 6 瓶的购买量，很少有人一下子会买那么多的量。但是我们的保证给了他们信心，他们相信疗效。在这个领域任何人都不可能与我们竞争。

那个时候，我们十分谨慎，没有冒险在报纸上刊登广告，而是在人口数量超过 1500 人的城镇里挨家挨户地分发小册子。对于人口数量低于这个数值的村子，我们寄信给了每个家庭户主。那个时候还没有乡村邮递，我手上有美国和加拿大邮局名单上大约 8.6 万位户主的完整寄信名单。

我们当时用的这些方法在目前没有一点用了。社会变了，我们认识到报纸才是我们想要的最便宜的分发方式。但在那些年里，我们每天寄出、分发掉了大约 40 万本小册子。

后来我们放弃了这种方式，转而用报纸。我们只花了相当于以前三分之一的成本，就获得了同样的盈利。在报纸上刊登广告每年要花销 40 万美元，而那时利润让我们在这个领域里拔得头筹。

这里我想强调的是，我这些建议都是对你们有利的。我总是为他人提供服务。每个人都可以尝试我的这些方案，丝毫没有风险。或许你们得到的结果会比我承诺的还要好，即使没有成功，成本也是很小的。我们那个年代里，这个领域没有任何方案会比我这个还好。

在广告和零售业领域，这是人们通常要考虑的因素。一个人要想在某个方面超出别人，他必须有质量、服务或者合同条款方面的优势，或者他必须有一个表面上的优势，找出别人找不到的事实。大声叫卖某个名牌是不够的，鼓励大家不买别人的产品而买你的也违反常规。所以我们必须知道自己在竞争中，了解对手能提供什么，熟悉顾客需要什么。直到我们确定优势是绝对在自己这边，否则冒险去打一场商战是很愚蠢的。人们花钱都是很谨慎的，我们很难长久地愚弄他们。一定要等你想明白你能用什么方法招揽到顾客，否则永远不要盲目地去花钱。大家过日子都是精打细算，所以不要低估他们的智商和获取信息的能力。

我在拉辛地区待了 6 年半，每天早上都是 7 点开始上班。我们处在广告业有史以来竞争最激烈的时期，所以我们知道工作越长，我们的优势越明显。

但是我的工作不是离开办公室就结束了。我家里也有打字机，尽管药品行业是考验广告人能力最严苛的领域，我也只是把它作为一个项目。所以我一天剩余的工作时间都用在了别的行业上面。

斯德克广告公司接手了舒普医生的广告。我和这家公司合作，撰写公司所有的广告方案。拉辛是一个制造业中心，于是在下班后，我出去和当地的广告公司发展业务。从它们那里，我学到了很多东西。

斯德克广告公司的一个客户是蒙哥马利—沃德公司。我负责策划和指导该公司的广告，许多新的广告计划在此时诞生。我一直反对不加区别地对待客户。比如，曾经有个妇女写信过来询问缝纫机的事，她脑海里只想询问这件事。但当时对待顾客的方式比较笼统，就是寄给他们一份目录，而且对待所有顾客的疑问都是用相类似的方式。我则强调要把每位咨询者当成来店里的潜在顾客。于是我们有了一份缝纫机的特殊目录，向顾客展示每一种款式和价格。我们寄给每一位咨询者一份名单，这个名单上有他们社区里买过我们缝纫机的顾客姓名。我们请他们去那里看看产品，和主人交流。

我在那里学会了做广告的另一条重要原则。在宣传范围广的广告活动中，我们太容易不加区别就笼统地对待所有客户。我们努力传播产品，希望它们像种子一样在某些地方生根发芽。但是这种方式太浪费人力物力，且收益甚小。我们必须深入顾客个体，在广告中对待他们是很人性的，注重他们的需求，设想站在你面前的人都是有特定需求的。不管你生意做得有多大，一定要认真对待每一个客户，正是每个个体才使生意形成规模。

施里茨啤酒是我为斯德克广告公司策划的另一场广告活动，施里茨啤酒当时世界排名第五。那时所有的啤酒商都标榜自己"纯啤酒"。他们把"纯"字印得格外大，后来又用双页书名把它印得更大。这给人们的印象就像是水溅在鸭背上，水过无痕。

我去啤酒学校进行培训，学习了造啤酒的科学原理，但是这没帮上一点忙。于是我去参观了他们的啤酒厂。我看见透明玻璃房里面，啤酒一滴滴地流出管道。我问他们这么设计的原因，他们解释说这些房间里装满了过滤后的空气，这样啤酒可以冷藏以保持它的纯度。我又看到一个巨大的过滤器里装满了白色的木浆，他们向我解释这是如何过滤啤酒的。他们告诉我这里的啤酒管道一天要清洗两次，防止污染。就连每一个瓶子一天也要用机器清洗4次。尽管啤酒厂就在密歇根湖畔，但他们向我展示造酒用的是自流井水，是取自地下 4000 英尺深的纯净水。我还参观了存酒用的大缸，在人们饮用前啤酒要在这里存放 6 个月。

他们又领我参观了实验室，向我展示了最原始的酵母菌。这个酵母是经过 1200 次实验提炼出来的，拥有最好的口感。所有做施里茨啤酒的酵母都来自这块最原始的酵母菌。

我回到了办公室，对此感到震惊。我提议："为什么你们不告诉人们这些东西呢？为什么你们只是和别人竞争，看谁喊'纯啤酒'声音大呢？为什么你们不告诉大家你们啤酒纯的原因呢？"

"为什么要告诉大家呢？"他们答道，"我们制造啤酒的程序和大家都一样。只有这些程序才能保证啤酒的质量啊。"

"但是，"我告诉他们，"没有人告诉过大家这些啊。只要参观了你们酒厂的人都会感到震撼。如果你们把这些印出来，大家都会感兴趣的。"

于是我照下了玻璃房和每一个关于净化啤酒的设备图片，并把它们印了出来。我只是告诉大家一个所有啤酒商熟知的事实，可是这个事实大家从来都不知道，我赋予啤酒纯度以意义。施里茨啤酒一下在几个月内从第五名上升为与第一名并驾齐驱的品牌。至今这个广告仍然是我最大的成就之一，这也给我做其他广告活动提供了启示。我一再告诉大家的只是简单的事实，这些事实在行业内所有的制造商都很熟悉——因为它们太熟悉而忘了告诉大家。但是这些事实可以让产品在行业内领先，与此同时还有独一无二的优势。

这种情形在很多很多别的领域也经常发生。制造者和产品的距离太近，他认为很多制造方法普普通通，意识不到外面的世界会对这些感到惊叹。但就是这些看起来平淡无奇的事实，可能会给产品独树一帜的优势。

这种情形在大部分广告行业中也经常出现。广告产品并不独特，没有优势。可能很多人也能制造出相同的产品。但是请告诉大家你花费的劳动，告诉大家其他人认为太普通而不屑一提的事实和特点，那么你的产品就会变成这些优点的代表。如果别人在你之后发表了这些事实，那只会让你的产品得到更多的宣传。广告产品几乎都可以复制模仿，领先的产品也不具有特别的优势，它们只是第一个告诉顾客这些令人印象深刻的事实而已。

柯蒂斯出版公司的赛勒斯·柯蒂斯先生告诉我一件有趣的事，是关于施里茨啤酒广告的。他以前从不喝啤酒，从来不允许他的《妇女之家》杂志上出现啤酒或者红酒的字样。但是一次在火车的餐车里，他拿起一本《生活》杂志，翻到里面有施里茨啤酒的广告。这个广告让他印象深刻，于是他点了一瓶施里茨啤酒，想尝尝在如此环境下做出来的啤酒是什么味道。

在拉辛我有一个朋友叫吉姆·罗汉。他是一名公司职员，钱挣得不多。当时他爱上了一名老师，他的薪水却娶不起她。但他有一个关于孵化器的想法，他认为发掘这个想法能让他挣到足够的钱去结婚。

我告诉他由我来发掘这个想法，我也的确做到了。我读了大概 75 种孵化器的目录和广告，读起来都很相似。所有的生产商都在讨好推销员，让他们推销自己的产品。我分析了这种情形，想找出一种不同的推销方法。

我找到了一名养鸡的农民，我向他征求意见，能否以他的名义写一本书。他是一个独来独往的人，不在意别人怎么说。所以我把他的这种性格也写进了书里。书是以他的名义写的，书里的事实也是他告诉我的，从头到尾我没有让任何人买拉辛孵化器，我只是讲述他的经历。我试过各种各样的孵化器，深知他们是空口说大话。他现在已经赚了钱，他用的正是拉辛孵化器。他愿意帮助和鼓励那些希望跟随他脚步的人，但对那些盲目地跟着跑的人也丝毫不会同情。

这种以请求的口吻打广告的方法证明是对的。大多数孵化器广告有五六种目录，但读起来都差不多。而我的广告，讲的是一个不拘小节而且实干的人，他愿意服务别人，而不仅仅是售卖。自然那些追逐利益的人就会跟随他。

但是拉辛孵化器的价格太高了。很多人把它和别的较低价格的孵化器一经比较，对是否要转向买拉辛牌又产生了犹豫。于是我建议罗汉先生再开一家公司，取名贝拉城孵化器公司。这样他能以更低的价格向别人提供孵化器。

我们关注了10天顾客对拉辛孵化器的诉求，发现有太多拒绝使用的意见，于是我们给他们提供贝拉城孵化器。这样我们就给他们购买孵化器提供了两种机会。如果不这样，即使我们再努力，也赚不了这么多。尽管这样，我们还是把生意做起来了，并且今天规模已经很大了。据我所知，那个时候我们的竞争对手都没有坚持下来。

在拉辛地区我们还组织和策划了很多其他领域的广告。一个是拉辛浴池，一个是拉辛冰箱。这些都是非常好的广告经历，因为它们都是在有把握的情况下做的，也都是极富创新的。

拉辛鞋业公司位于芝加哥和密尔沃基之间皮革地区的中心地带，生产的鞋子很好。当时他们出售鞋子批发价是平均2.15美元一双。我组织了一个拉辛俱乐部，以较为优惠的价格把鞋子卖给俱乐部成员，每双鞋子包邮3美元，提供6种款式的选择。我批发进来一双鞋需2.15美元，一双鞋邮费平均是35美元，所以平均一双鞋我净赚50美分。只有俱乐部的会员才能享受这种低廉价格，但是参加俱乐部的会员费需要交纳25美分，我用收取的会员费来做广告。每寄一双鞋，附带着我会寄出12张会员资格表和产品目录。任何人只要发展了12名会员，就能以25美分的价格买一双鞋子。总的来说，拥有了会员资格，买一双鞋子只要花3美元，同时还可以获得12张会员资格表，每张值25美分。

这些鞋通常在商店买一双要花3.5至5美元，而我这里只要3美元。但只有俱乐部会员才能购买，所以这些鞋只提供给有限数量的顾客。每个顾客，只要他愿意，发展一名会员就可以赚得25美分。如果他发展了12名会员，那么就能以25美分买一双鞋子。这样当我的广告招揽来一批会员，他们也成了我的销售员。所以一点点广告宣传就带来了大笔的生意。马上拉辛鞋业公司的鞋子就变得供不应求，不得不延迟很多订单的交货时间。

这种"万金油"销售法也有瑕疵，就是鞋子不总是合脚。但是我又向大家保证合脚，所以退返的鞋子影响了我大部分的利润。但是我看到了销售中的另一个角度，即不管是直销还是别的销售方式，顾客是如何影响日后的收益的。

那时我在全国为零售商品做广告。我几乎和当地每个行业都有过合作。不管我何时发现可以带来大笔收益的方法，我会立即告诉其他的经销商。这些都是我不眠不休工作的成果。我从没想过要休息，只一心扑在工作上，要找到方法促使人们购买，当然我也找到了很多。那时所发现的这些方法成了我后来成功的基础。

❽ 成功的秘诀就是敢于抛弃安稳，敢于直面未知

在拉辛这些年，我积累了为专利产品做广告的经验，名声大噪。我的宣传方法新颖独到。这类产品的广告中，例证运用广泛。我却从来不用，例证里夸夸其谈的现象实在太普遍了。事实上，我的广告是这样的："试试这种止咳药，看看疗效如何。它不含鸦片，于身体无害。如果有效，咳嗽即止。如果无效，分文不取。你自己的药剂师会签字担保。"

广告一出，势不可当，几乎令人无法抗拒。从那时起，我就把主要精力放在研究类似的广告上了。如果我们主动给人们没理由拒绝的优惠，那被大众接受就水到渠成了。无论给予的优惠有多慷慨、多公开，经验表明，很少有人会欺骗公平交易中的伙伴。如果躲躲闪闪或试图保护自己，人们往往不愿靠近你。如果主动去除一切障碍，对外宣称"我们相信你"，人们则会维护、信任你。我在广告业的经历表明，一般而言，人们都是诚实的。

芝加哥有位先生，靠售卖奥利弗打印机小赚了一笔，但他并不热衷打印机销售。他是个天生的广告家，很久以来一直在研发新产品。

他在蒙特利尔建了座工厂，许多人却跑去告诉他多伦多出了种杀菌剂，名字叫"泡利液态杀菌剂"。加拿大许多机构都承认并使用了这种药物。更棒的是，尽管没经任何广告宣传，无数人已经知晓并使用了这种药物，疗效甚好。

最后，这位先生经不住利诱，前往多伦多一探究竟。他发现了一种气态杀菌剂，内服不会产生任何副作用。他与大量使用过该药品的人群、机构面

谈，如医院和教会，结果令他狂喜不已。

他花 10 万美金买下该产品知识产权，改名为"立可舒"。随后，开始了产品的宣传、营销。他找来一位颇有能力的广告人，签了一年的合同。第二年，又与另一位广告人合作。4 年间，他换了 4 个人。在他眼里，这些人都是业务能手，然而，产品还是遭遇彻底失败。投资到这笔生意中的所有资金都打了水漂，公司背负上了巨额债务，资产负债表上是净值 4.5 万美元的亏空。这表明，在为专利产品做广告这方面，他们实在是经验匮乏、能力不足。

即便如此，这位意志坚定的广告主还是自信满满。他相信自己的产品，也相信某个地方的某个人一定知道如何让他的产品获得成功。他说："我们还会为这个产品努力一年。这次，一定要找到那个人。"

第四年的最后一天，他联系了芝加哥各大广告代理商，请求每家代理商向他推荐所知道的该类产品最棒的广告推销员。由于那时我首先涉足该类产品的广告宣传，想来他们都提到了我的名字。

他最后一个电话打给了斯塔克先生，向他提出同样的问题。就在那时，我向斯塔克先生发出一封电报，告知他我接受他新年之夜共进晚餐的邀请。斯塔克先生拿着电报说："他就是您要找的人。其他人肯定也向您推荐过他。但他的雇主是我的客户，我不能损害客户的利益。再说，霍普金斯又是我的朋友，我没法劝他考虑您那毫无希望的产品。"

那个客户回答："如果霍普金斯就是您说的那个人，相信他能够做出自己的判断。请让我和你们共进晚餐吧，我想会会他。"

那是我第一次接触"立可舒"。这位推销者很有魅力，浑身上下散发着令人无法拒绝的说服力。因此，尽管有违本意，我还是听了劝，留下过夜，以便第二天继续面谈。

新年第一天，我本想待在家里，却应邀前往"立可舒"办事处与他会面。那地方又脏又暗，地板和桌子是粗糙的松木制成的，圆形的壁炉锈迹斑斑，靠烧木头供暖。整个环境令人扫兴不已，为这件事留在芝加哥度过新年第一天，我十分不快。因此，我们谈得既不舒心也不振奋。

但是，既然这位先生4年的努力宣告失败后，还能微笑着从头再来，那他自然不会因为我的冷淡态度止步不前。几天后，他随我来到拉辛。然后邀请我同他一起前往多伦多待3天。我答应了，一是因为和他相处很愉快，二是因为我想给自己放个假。

在多伦多，他给了我一辆车、一个向导。3天的时间，我走访了许多见证过"立可舒"疗效的机构和人群。他们所讲的那些故事我闻所未闻。第三天结束时，我说："在这里，我找到了一个更重要的原因，没法同您合作。那便是，我名气还不够大，没能力向世界宣传您的产品。我无法胜任这项工作。所以，我再次恳请您别再考虑我了。"

然而，没人拒绝得了这位先生。几天后，他再次来到拉辛，同我彻夜讨论他的产品。凌晨4点，我抵挡不住他一轮又一轮的说辞，精疲力竭，而他有关责任的观点也确实让我有所触动，于是，我接受了他的提议。

我拿不到工资，因为公司根本没钱发薪水。作为补偿，我可以获得这个濒临破产公司四分之一的分红。我得离开原先那些漂亮的办公室，跑到坎齐街坐在松木办公桌旁。我得告别故友，去跟一群陌生人相处。我得放弃密歇根湖畔宾馆里的公寓，去芝加哥住月租45美元的昏暗房间，在那里，我妻子也不得不干点活儿补贴家用。我得走路上班，省下交通费，保存积蓄。我曾有一辆蒸汽汽车，那可是拉辛第一辆，给我的业余生活带来不少乐子。现在，我也得跟它说再见。

朋友们为我举行告别派对，但是人人都在谈论我这么做有多愚蠢。一些朋友还组团陪我前往芝加哥，路上一直反对我这种愚蠢的做法。最好的朋友也批评我，他说理智是友谊的首要必需品。

我确信几乎没人会投身比这前景更不明朗的商业冒险了。但这里我想说，我人生每个重大成就都是通过战胜这样的困难得来的。我每次采取行动，要向上迈进或争取更大幸福感、满足感的时候，朋友们都会出面反对。或许朋友们是自私的，只希望我跟他们待在一起。

我也遇到过其他重大事件，关乎比金钱、生意更重要的东西。我总是必须独自面对、自己决断，去战胜极大的困难。我人生中每个重大行动都遭到过朋友们的嘲笑、反对。我在幸福感、金钱或满足感等方面取得的成功，无不伴随着铺天盖地的嘲笑和轻蔑。

但我有理由坚持这么做：平庸的人是无法成功的。很少有人能实现自己的目标、得到真正的快乐和满足。那么为什么要让大多数人遵循的法则影响自己的人生呢？

我收获了足够大的成功、充实的幸福感和绝对的满足感。如果我听从朋友们的建议，这一切都不会属于我。

因此，我从不给别人提建议。人人都有自己的生活、自己的事业，我们无法测定别人的志向和能力。有些人内心脆弱，关键时刻一句丧气话便可能改变其整个人生。这样一来，说这话的人就要承担责任，我可承担不起这种责任。广告业告诉我们，人们的判断力是多么容易受到影响，即使在自己最熟知的领域也是如此。我们试图给出建议时，根本无法做到完全公正。

在这种情况下，我坚持投身宣传"立可舒"。我加入了一场毫无胜算的比赛。过去的 4 年，已有 4 个人彻底失败。但在这场前景难料的冒险中，我押上了一切。

我在林肯公园一夜夜地溜达，试图琢磨出一个好的计划来。我坚持自己一贯的理念，服务更优，付出更多，你就一定会赢。

一天早上，我来到办公室，讲道："我知道怎么赢了。我们先出钱买下首批 50 美分的瓶装药剂，如果人们试用后愿意继续用下去，我们就为其提供 6 瓶 1 美元瓶装药剂的药剂师担保。第一瓶由我们买单。如果这招能吸引消费者，那我们就承担余下的风险。"

我的合伙人吓了一跳，他说："我们现在快破产了。你这么做就是雪上加霜。"

但我还是获准在伊利诺伊州十来个小城市试行这个计划。我们免费提供一瓶50美分的瓶装药剂，同时，帮每位前来咨询人向当地指定的一位药剂师订货，并说道："钱我们来付。"

然后，我们承诺每位咨询者，以5美元的价格卖给他们6瓶单价1美元的瓶装药剂，指定药剂师将签字担保。如果试用者对这些药剂的疗效不满意，还可获得全额退款。

想想看，这样的提议多诱人啊。50美分的免费药剂，外加5美元有担保的药剂。"只需跟药剂师说你对药效不满意，就可以顺利获得退款。"

没有一个明白人会拒绝这个提议。大多数人都是明白人，所以我知道多数有需要的人都愿意接受这个提议。这简直无懈可击。

在试点城市，我们发现，每个免费瓶装药剂要花掉我们18美分。而30天后，每位咨询者会为我们贡献90美分。销售利润足够我们早早付清广告费用，而担保促销活动花去的成本还不到总销售额的2%。

我从参与广告营销的药剂师那里收集他们对产品药效的声明。随后，把这些声明寄给其他主要药剂师，每个城市一位。其中，我还加上了自己在其他专卖领域取得的销售成果，并附上一份合同。合同详细介绍了我们接下来要做的广告宣传，并承诺将介绍每位前来索要免费药剂的人前往指定的药剂师处购药。条件是药剂师们必须向我们订货，订单总额要大于我们的广告费用。订购的货物绝对是他们见所未见的产品。我们从各大药剂师处收到的订单——都是邮寄过来的——总额超过了10万美元。然后我们带着订单去找广告商，对他说："我们没钱，偿还不了欠你们的1.6万美金。但这里是来自各大药剂师10万美元的订单。让我们把这些订单转给你们吧。要偿还那笔广告款，这是唯一的办法，也绝对是保险的办法。"

代理商接受了这个提议，因为他们别无选择。他们对我们行之有效的广告缺乏概念，认识不到我们的定位。

他们开始运作广告，捷报从四面八方传来，正如试点城市的情况一样。接下来的一年，我们接到超过 150 万项免费瓶装药剂的索取需求。每项索取的平均花销是 18 美分，这也和试点城市一样。而每项索取带来的销售额为 91 美分，比试点城市略高。

我是 2 月份加入的"立可舒"公司。我们原本资金匮乏，处处节省才能付得起房租。第一年，从 7 月 1 日算起，我们的净利润达 180 万美元。第二年，我们进军欧洲，在伦敦组建了拥有 306 名雇员的办事处。在法国建立起一座工厂，并在巴黎配备了漂亮的办公室。两年之内，我们的广告语种数目增加到 17 种，"立可舒"的身影几乎遍布全球各地。

杀菌剂是个发展不稳定的产品，不断会有新事物来取代旧事物。我们明白这个道理，因此行动迅速。3 年中，我们为人们提供了近 500 万的 50 美分免费瓶装药剂。我们把握时机，未雨绸缪。如今，"立可舒"仍在销售并且有利可图。

成功的秘诀是什么呢？就是敢于抛弃安稳，敢于直面未知。然后为人们提供 50 美分的免费瓶装药剂，最后为产品效用做出担保。我们对自己的产品有信心、对顾客有信心。一路走来，我们咨询到的每个人都告诉我们这是鲁莽的。每位指手画脚的人、每位好为人师的人，都对我们嗤之以鼻，转身离开。

我知道，还有其他办法取得销售和广告方面的成功。但那些都太慢、太难预料了。让他人为你冒险，要花大力气。但你若愿意为他人承担风险，事情就会容易很多。

我就总是愿为他人承担风险。我不停地琢磨自己的提议，直到确信到最后对方能得到最大的实惠。于是，我便拥有了人们无法忽视的东西。

　　这样做我损失不小，但比起试图实施某种安全方案所蒙受的损失，这些微不足道。现在，很多大商家也认识到了这一点。在大商场里买的东西都可以退货，邮购的商品也一样。无数广告商给陌生人提供商品来试用，他们说"试用期 10 天"，或是"先看看这本书"，或是"抽 10 根这种雪茄吧，风险我们承担"。如果有人不按这种最基本的方法行事，一心追求安全，他会发现麻烦重重。即使他使出浑身解数，他的营销成本也会成倍增长。

⑨ 广告一味取悦别人并无意义

我在"立可舒"上倾注了 5 年的心血，5 年的艰辛不足为外人道。我遍访每家公司，跑完了国内跑国外。在每个国家都会遇到新的问题。

在巴黎的一天晚上，我拜访了一位名医。他说我得了神经衰弱，要想治好病，就得回家好好休息。

我说："我没有家，我都住在宾馆里。那个宾馆就跟这儿差不多，我最好还是待在这里吧。"

但他依然坚持要我回家休息。于是我想到了位于密歇根春湖湖畔的那个果园，小的时候我常常在那边犁地。我想起了一个名字，罗伯特·费利滋。我听说他修建了一个旅馆，所以我就给他去了封电报问他能不能收留我。

我在纽约收到了他的回信。旅馆已经拆了，但他有一座装修整洁、舒适宜人的房子。他说："你只管拿着行李箱入住就好。"

因此我给他寄了张支票支付住宿费，只带了行李就只身前往。我度过了 3 个月的惬意时光，每天就是晒晒太阳，睡睡觉，玩一玩，喝喝牛奶。之后我去了芝加哥，全然决意要放弃那些曾把我搞得神经紧张的工作，准备开始过安静的生活。我请了一些朋友来到我的午餐会，宣告自己将从此告别生意场。那是我一生最开心的日子。我依然打算要做点事，但我希望未来我可以为了名而非利去做广告。

上第二道菜的时候，一个年轻男子来到我的桌旁。他说："洛德暨托马斯公司的拉斯科先生希望您今天下午可以给他打个电话。"

我知道这意味着什么。在我看来，这意味着一段新的被剥削的事业的开始。意味着我会再一次因神经紧张、心力焦虑而生病。这意味着我又要夜以继日地向别人展示其他方法，教他们怎样赚更多的钱。

我走到朋友的那一桌，说道："拉斯科先生不能这么做，我已经鞠躬尽瘁了。我会去见他的，因为我很敬重他。但他再也不能够引诱我去投身到广告的浪潮中了。"

我如期赴约。拉斯科先生递给我一份范坎普包装公司价值 40 万美金的合同，前提是我的广告策划案能使范坎普先生满意。

拉斯科先生说："我在全国遍寻文案。这个是在纽约收到的，这个是在费城。我已经投入上千美金想要获得最好的文案，但你看看结果，你我都不会满意的。"

"现在我需要你帮助我，给我 3 个广告策划，帮助我们打响这场营销战役。事成之后，密歇根大街上任意一辆跑车，你的妻子可以任意挑选，我来买单。"

据我所知，还从没有哪个人拒绝过艾伯特·拉斯科。他已经坐拥了这世上他想拥有的一切，就连总统先生也与他称兄道弟。只要是他想要的东西，还从来没有失手过。

所以，和所有人一样，我在他的劝说之下屈服了。当晚我就奔赴了印第安纳州波利斯市。第二天，我便着手调查起扁豆肉丝的行情。我发现 94% 的家庭主妇都是自己在家里烹饪它，而只有 6% 的主妇会选择罐装的扁豆肉丝。然而所有的扁豆肉丝的广告人只是在一味空喊着："买我的牌子吧。"

我开始进行反对家庭自制扁豆肉丝的营销活动。当然我提供了一些工厂制作的样品，告诉大家，家里要烹制出这样的扁豆至少需要 16 个小时。我告诉大家为什么家里做的扁豆不易消化。我放上了家庭自制扁豆的图片，上面的烤酥了，下面的却烤煳了。我告诉大家我们是如何挑选出上好的食材，我们用的是软水，并且要用蒸汽锅调至245℃将扁豆烘焙好几个小时。接着我又给大家提供免费的试吃样品供大家比较，结果我们大获成功。

没过多久，其他商家开始纷纷效仿我们的做法，我们的产品遭遇了被取代的风险。我们的竞争对手们试图通过打造他们的品牌来挤压我们。他们的原话是这样的："请把付给他们的钱交给我们。"这样的口号显然无人理睬。

相反，我打出了这样的标语："也去尝尝我们对手的产品吧。"我鼓励人们去买竞争对手的产品，希望他们自己品尝之后再进行比较。如果我们对自己的优势足够自信，不害怕被人拿去和别的产品进行比较，那么消费者也会更加坚定地购买我们的产品

还有另一个很关键的问题值得我们考虑。一味标榜自己产品的优势，人们会很容易产生抵触心理。但看似大度地关切了消费者的需求，他们自然会奔你而来。

广告营销中最大的两个弊端就是自吹自擂和自私自利。一个成功人士出于本能会逢人就炫耀自己的丰功伟绩。他可以对一个晚宴上的合作伙伴这么做，因为对方碍于情面没法脱身。但他不能在出版物上这么干，也不能以看似合理的成本作为欺骗的方式，达成某笔生意。当你谈论服务的时候，人们会听你说；但当你想要利用自己的优势给别人留下深刻印象的话，他们往往就会转身离开，这一点很重要。我相信广告的投入中，十分之九的资金损失都是因为商家明目张胆地暴露出了他们的自私企图。

直到今天，大多数的广告还是基于"买我的品牌"这样的营销口号。这样的口号从来都无法取悦任何人，以后也不会的。没有哪个杂货商会说："来我的商店吧，别去旁边那家商店。"即使对于这些头脑相对简单的杂货商来说，他们都知道什么才是明智的做法。他会展示自己的优势，然而数不清的广告商们却只是在文案上瞎费工夫。

"我们的产品是最具创意的。""一定要买最正宗的产品。"这些无非都是

"把你付给别人的钱交给我们"的口号的翻版罢了，其实并没什么作用。我们都有着太多自私的目的，以至于不太会去考虑他人的诉求。一个人若是不愿意基于利他主义情怀去恩赐别人，那他在广告界或营销界是不会有立足之地的。如果我们都不愿意牺牲自己，把自己的一部分优势奉予他人，那也别指望别人能够多么乐善好施。

请允许我用范坎普的这个例子来论证人性中非常普遍的一个弱点。一些颇有能力的广告人会创造出令人印象深刻的广告词，但他们没有一个人了解真实的情况。要是他们也曾挨家挨户拜访过家庭主妇，他们就会得出完全不同的结论。那么做确实太麻烦了。他们在说服一群和他们一样对现有情况知之甚少的消费者，他们的理念不过就是用一些有趣的广告文案来吸引消费者的眼球。艾伯特·拉斯科就从不这么做，他很务实。他很清楚，除非能把产品卖出去，否则任何当下的优势都一文不值。因此他竭尽所能去发掘那些可以帮他卖出产品的人。

在这里我要强调一个事实，那就是，一味取悦别人并无意义。取悦一个对当下的消费者市场比你了解还要少的人，你也许会取得短期收益。但是你牺牲掉的却是所有最真实的东西。归根结底，生意场上，人都是趋利而动，而不是要挖掘想法。当利益消失了，想法也便不复存在。

我人生中从来没有和顾客交过朋友，也从来没有站在广告人一边，但我仍旧尊重他们的立场。他们也和我一样，倾尽所能，以期大展宏图。但是他们站在了卖方的一边，而我必须代表消费者，所以我们的观念常常就会有天壤之别。

范坎普的扁豆肉丝的推广则采用了独特的宣传方式。我们的产品其实和其他的扁豆肉丝并没有太大区别。当我们走进加工厂，拿出一堆不同品牌的产品，没有一个人能辨别出哪一个是范坎普的产品。

但我们却会说出别人从未提及的真相。我们告诉消费者，我们的豆子是经过了特别培育的，所有上好的菜豆都必须出自那里，我们告诉他们那长在藤蔓上的番茄，长在利文斯通崖上的番茄。我们所有的竞争对手也采用这种工艺。我们会告诉他们我们如何分析测评每一批次的豆子，其实，这是每一个罐头制造商都必须做的事情。

我们告诉他们，我们用蒸汽锅将豆子在245℃的高温下烘烤数个小时。那是制作罐头的惯常做法。我们告诉他们，我们如何在软水中煮沸豆子，这样就可以减少使豆子变皱的石灰。我们的对手也会那么做。我们给出的图片里的豆子是完整的，不皱的，软软的。我们把这些豆子和家庭烹制的豆子进行比较，家庭烹制的豆子上面是焦脆的，下面是烂糊的。我们告诉他们，为什么家里烹制的豆子会发酵，难以消化，而我们又如何在密闭容器内烹制，所以香味才能不流失。

我们讲的其实是每一个对手都可以讲的事，但他们所有人都认为这些事情太平凡无奇了。之后我发现市中心的人们在午餐会上都会订购扁豆肉丝罐头，这些菜都是工厂加工的。很显然，和我一样，比起家里自制的，他们更喜欢工厂加工的罐头。

所以我们派一些人把范坎普的罐头配送到各个饭店和午餐供应点。很快我们的罐头就遍布在各个午餐桌上。我们用事实说话，告诉大家我们供应地点的数量，估算出每天会有多少人去这些地方吃我们的罐头，这引起了主妇们的注意。

家庭主妇们也准备好要放弃家庭烹制，那是件耗时又耗力的事。我们告诉94%的主妇如何轻易地放弃家庭烹制。我们告诉她们，家庭烹制的菜品和我们加工的菜品的区别，并拿出图片给她们看。我们告诉她们，有多少她们在闹市区工作的丈夫们正在购买我们的罐头。

这样我们就赢得了舆论的支持。我们烹制的豆子可以比任何家庭主妇在家做的都好，但是我们不可能比竞争对手的好很多。这样我们直接击中了竞争对手的弱点，那么范坎普似乎就成了消费者唯一的选择。不仅如此，范坎普的产品也收获了比竞争对手更高的价格。

范坎普公司又开始生产炼乳。刚开始只有一个加工厂，后来扩展到七八个。范坎普公司还想做炼乳广告，但我们制止了这种做法。因为炼乳是一种标准化产品，它的生产必须达到政府设定的标准规格。商家不可以肆意吹嘘自己在天然产品或标准化产品上的优势。当然，商家可以说："买我的鸡蛋吧，它们产自青山农场。"也可以这样叫卖自己的黄油、猪油。为了让消费者买特定的食物品牌，比如面粉品牌、燕麦品牌以及类似产品品牌，上百万的资金都胡乱投放出去。其实他们可以说的不过是："买我的牌子吧，把付给别人的钱交给我们吧。一定要选择我们。"这些并不是受人欢迎的口号。

我分析了炼乳营销的情况，发现一些特定的品牌，不论有没有打过广告，都会主导和控制某些特定的市场。有些甚至把控了很多年，不可取代。唯一的原因似乎就是一个品牌的知名度。主妇们通常都会一直使用那些她们所熟知的牌子。

于是我设计了一个策划，旨在打造范坎普炼乳的知名度。在广告页上，我插入了一张优惠券，在任何一家商店里都可以用来享受 10 美分的罐头折扣。我们支付给杂货商他们的是零售价，连续 3 周我们都发布消息声称这个广告马上就要发布了。同时我们还讲述了关于我们范坎普炼乳的故事。

我们把这些广告文案发给了所有的杂货商，告诉他们每一个消费者都能得到这些优惠券。显然他们一定会买范坎普炼乳的。每一张优惠券都意味着 10 美分的折扣，如果他们错过了，这些优惠券就会落入其他消费者的手中。

结果我们的炼乳以迅雷不及掩耳之势遍布了各大商店货铺。

我们在一些中等城市再次印证了这个营销计划的成功。接着我们攻入了纽约市，那里的市场原本是被我们一个竞争对手控制着，范坎普的销售渠道被严重地挤压着。在 3 周的时间内，我们保证了 97% 的产品的销售畅通，其中大部分是通过书信的方式。每一个杂货商都意识到了有必要为满足优惠券需求而未雨绸缪。

与此同时，我们在报纸上声称优惠券即将发行，我们告诉主妇们我们的炼乳有哪些值得期待的地方。我们努力说服她们抛弃瓶装牛奶，改用罐装炼乳。

紧接着，在一个周日，我们将优惠券放在了一个广告页上。这可是在大纽约啊，结果146万份的优惠券发了出去。我们付给杂货商14.6万美元去兑换这些优惠券，但是仅在一天之内，146万个家庭在得知我们的活动之后，纷纷去尝试我们的范坎普炼乳。

这项营销活动的所有花费，包括广告费用在内，共计17.5万美元。大部分是花在了兑换这些优惠券上。不到9个月的时间，我们就收回成本开始盈利了。我们占据了纽约市场，从此范坎普就这样以高居榜首的年销售额把控了整个纽约市场。

再将这个营销策略和家庭分销的策略进行比较。在这个策略中，你是提供别人不需要或不想要的东西，它没有任何优势。提供一些样品，不经意间降低了产品的价格。

在我们的计划之下，杂货商们不得不囤货。为了得到我们的试用样品，主妇们不得不费一番工夫。如果她没有阅读相关信息了解我们的炼乳，她就不会知道我们的样品。如果她拿出了我们的优惠券，那么她一定是看过我们的广告后她才会来买我们的产品。通过这种促销商家们获利了，他们自然很高兴。当主妇们用过我们的试用品之后，也看到了我们的范坎普尚有存货。就这样我们抢占了一个又一个市场，并且把控住了这些市场。没有任何一个随意而为的样品供货商能够给她们留下如此深刻的印象，这就是作秀和追求你真正想要的东西之间的区别。

很少有炼乳制造商可以把产品分销全国，他们生产不出足够多的产品，所以通常的解决办法是培育当地市场以提高产量。

对手们慢慢也开始效仿我们的这种做法，我们不得不研发其他产品。那时数百万的家庭已经转而食用炼乳，我们的年销售量达到了 2400 万件。接下来我们面临的主要问题就是如何打造出一个家喻户晓的品牌。

紧接着在新的城市，为了努力占据市场，我们会提供一个神秘礼物。如果主妇能把 6 个范坎普罐装上的标签邮寄给我们，我们就会把礼物寄给她们。或者我们会把所有的包装礼物扎成一堆，放在杂货店的橱窗里，但不告诉大家礼物是什么。只要购买 6 罐范坎普的产品的主妇，都可以得到一件礼物。

好奇心理是人性中很重要的一个因素，对女人来说尤其如此。对于一件具体的礼物，一些人会想要它，而更多的人会选择不想要。但是每个人都会想要得到一件神秘礼物。

在这种派送礼物的方式中有很多需要我们考虑的东西。这个礼物一定不能令人失望，它必须能超出主妇们的期待值，并且礼物的派送得悄悄地进行。

结果数不清的妇女纷纷去买 6 罐范坎普炼乳。她们付的是正常的价格，但却因能收获一份神秘礼物而备受吸引。礼物的成本超过了我们的销售利润，但是牛奶是一种日常消费品，为获得新的客户的投入是没有上限的。但我们却用 6 罐炼乳让我们的品牌家喻户晓，消费者们了解了范坎普的所有信息。她会看到我们品牌的上乘之处。所以当她需要为家里购置牛奶时，她会选择范坎普。我们就是以这种方式攻取和占据了很多大的市场。

读者可能会说这只是一种样品试用方法，是一种谋划营销的手段，而非我们所认为的那种正统的广告。我并不赞同正统的广告策略，我们关注的是结果。这世上再出色的谈判，如果没能促成生意，也是毫无意义的。据统计，每年都有巨额的资金浪费在这上面了。

我想卖我必须卖的东西，一旦出手就必求利益。我要的是成本效益和结果数据。我们可以偶尔摆出一小会儿艺术家或天才的姿态，但归根结底我们还是商人。每一个我认识的，曾经试图显摆那种姿态的人都败兴而归了。但奔着结果而去的人们从来不曾失去光芒。

有时候我们会遇到一些想法完全没有重点的人，他们只爱吹嘘自己的成就。当然某种程度上他们也是大人物。如果一个人愿意放弃所有务实的想法，那么他很容易取悦那些人的。因为对于那些人，广告之于他们就如同迷宫一样。但如果那么做的话，你注定会一败涂地的。生意的终极目标就是谋取利益，若是一味迎合任何一方，你很快就会发现自己声名扫地。

我失去过很多大客户，因为我不愿意为机构做专题广告，也不愿意注入一些个人的自豪感在其中。但我经常会发现，那些为了追逐利益而上下求索的人还是占大多数的。人们拼命谋求生财之道，发现那些方法，学会如何运用那些方法，你就会事半功倍。不要只做表面文章，不要只得到女性朋友"产品还不错"之类的评价。学会更加务实地营销吧，只有那些半桶水的人才会去尝试其他营销方式。

⑩ 每个广告都要讲述一个完整的故事

我在 1899 年第一次做汽车广告，当时的汽车是在密尔沃基制造的蒸汽汽车。我为它制作的小册子名为《国王的运动》。我自己拥有的那辆车型是拉辛市的第一辆机动车，这辆车在第一天就花费了我 300 美元，我在行车路上惊吓了一群马匹，赔偿了一些损失。

我既是司机，又是修理工，启动这辆车要花 30 分钟，我们还得指望着这辆车赶上火车。不仅如此，让这辆车启动后持续运行比让它启动更加困难。能够开上 10 英里而不抛锚就是一个值得庆祝的小纪录了。我们要是乘着那辆车到密尔沃基（大约 25 英里远），到了以后就可以直接把车开进工厂修理了，当天是基本不可能再开回来了。

每开 10 英里我们都会停下来加水，然后我们要观察水温计。车子开动的时候要不停地加水，可是那个时候，车子在路上走得实在太慢了，水箱的水几乎热不起来，供应不了足够的蒸汽。我们的座位就位于水箱上方。我记得几个晚上，在泥泞的道路上，我们注视着水位不断地下降，降到某个点的时候我们都觉得水箱就要爆炸了，但是我们还得继续往前开，期望尽可能缩短车抛锚后我们走路回家的路程。漆黑的夜晚坐在水箱上等着它爆炸，想着前方长长的泥泞道路，这可不是什么美好的体验。

但是那段经历却让我成了一名汽车爱好者。自此之后，我为大约 20 种品牌汽车创作了成功的汽车广告。

我在洛德暨托马斯公司工作的时候，修·查尔曼斯买下了托马斯 — 底特律汽车公司的股份，然后跑来咨询我的意见。查尔曼斯是个聪明人，据说他在国家收银机公司工作时，是美国薪水最高的销售经理。我从他身上学到了许多销售技巧。并且我可以很高兴地说，我们在一起的这些年里从来没有发生过任何分歧。

当时汽车广告业的问题与现在所面临的问题迥然不同。那些年形势不断发生改变，就像一个万花筒一样。一个人必须紧跟变化潮流才能做出恰当的行动。我当时突出宣传的是霍华德·科芬，他当时是查尔曼斯公司的首席工程师。你会发现我总是会尽可能地在广告活动中加入一些个人特点，这个想法总是屡试不爽。我发现，人们喜欢与在某方面有所成就的个人打交道，而不愿意同冷冰冰的公司打交道。在一场广告活动中提出一位专家的名字暗示着那个人有着独特的能力和影响。公众可能并不认识他，通常起初也就是如此。但是，当制作商将他特别提出来时，人们就会认可并尊敬他。接着他就变得有名，他的名字就变得价值连城。在我特别宣传霍华德·科芬之前，他并不为人所知。广告让他的声名大振，在战争时期他还被任命为飞机制造局的局长。

与这个原理类似，个人的名字通常要比印在产品上的名字要好，而且比商标要好得多。它让广告主看起来像一个为自己的产品而自豪的人。让一个人出名比让一个机构出名要简单得多。想想在一部戏剧、电影或者文学作品里有多少个名人吧，这些名人都是为了这个目的刻意制造出来的，在商业经营中也是如此。

那个时期，凯迪拉克和查尔曼斯的汽车售价差不多——都是 1500 美元左右。凯迪拉克的名誉更加久远并且车型更为漂亮。但是突出宣传霍华德·科芬让查尔曼斯显得与众不同，给它带来了巨大成功。

我们还经历过其他状况。我们发现有一种印象在不断滋长，人们以为汽车是一个暴利行业。当时有报纸头条宣称"我们的利润是 9%"。然后我们说明了许多隐藏部件的实际造价，整辆车的总造价超过了 700 美元，并且这个价格并不包含所有的装饰部分，比如坐垫、布套等。

这又带来了广告业的另一点 —— 保证广告具体明确的好处。平铺直叙与笼统说明给人留下的印象就像蜻蜓点水一样。说"世界最好""长期最便宜""最经济实惠"这些标语并不会让人信服，这样的许诺在意料之中。审查最仔细的杂志也会刊登这些标语，因为他们只把这些标语看成是销售员使尽浑身解数招揽顾客的招数，它们并不是错误信息，而仅仅是夸大其词。这些广告可能弊大于利，因为它们展现的是言辞不谨慎，让人觉得你说什么都是夸夸其谈。

但是当我们做出具体而明确的承诺时，当我们提供实际数据和事实时，就意味着我们的表达经过了细心斟酌与仔细衡量。我们要么在说事实，要么在说谎。人们不会觉得你是在撒谎，因为他们知道我们不能在最好的媒体平台上撒谎。所以大家都会充分相信我们做出的承诺，我在其他地方还会继续提到清晰具体的承诺的好处。

哈德森公司是查尔曼斯公司的一个分支，查尔曼斯先生在其中有股份。组建哈德森公司的原因是因为查尔曼斯公司的销售分支人员过剩。霍华德·科芬也跟着到了哈德森公司，我是在那里对他做特别宣传的，但我们还想做得更多。我们列举了全公司的 48 位工程师，描绘他们的个性与成就。我们将哈德森公司打造成一个由工程师支撑的公司，这与当时的情况也完美吻合。机动车那个时候并不完美，经常存在问题。相对其他因素，普通买家更多考虑的是良好的工程设计。我们让哈德森在这个方面鹤立鸡群。

这样就为它建立了一个坚实的基础。哈德森汽车公司取得了巨大的成功，现在仍然如此，这大部分都是因为我们在早期的时候就定下的基调。我为哈德森汽车公司做了 7 年的广告，后来把它转交给我的一个门生，他继续采用非常相似的方式。

大切诺基汽车的故事听起来就非常浪漫了，约翰·威利斯在纽约埃尔迈拉经营一家商店，叫作埃尔迈拉兵器公司，他卖的是自行车。当汽车刚刚出现的时候，他拿到了大切诺基车的经销权，在印第安纳波利斯开了一家经销店。

大切诺基是当时为数不多的好车之一。在他的公司大切诺基车一辆接一辆地被卖了出去，最后在埃尔迈拉地区脱销了。威利斯先生通过收订金的方式接受订货，然后将订金寄到印第安纳波利斯。但是车却没能及时送到，于是他到印第安纳波利斯去了解原因。到的时候是周日早晨，他在宾馆见了大切诺基的董事们，董事们告诉他，他们已经破产了。他们前一天晚上未能支付薪资，现在还欠着大概 4.5 万美元的债还不上。威利斯先生没法拿回自己的订金，所以他想了个办法拿到汽车。

他说："如果你们破产了，那生意就不能继续做下去了？"

"是的，"他们回答，"我们放弃了。"

"请想想，如果我可以让它继续下去，"威利斯先生说道，"你会把欠款连本带利全部还给我吗？"

他们告诉他会的。默认的薪酬是 450 美元，威利斯先生立马着手筹集这笔钱。他从酒店前台那里借了一笔钱，加上自己身上的钱，在第二天早上，他把工作人员都叫到一起，把欠款都支付给了他们，然后说道："快制造一辆汽车，搜集足够零件，要快。我们得筹到更多的钱。"

他们确实造出了一辆汽车，威利斯先生把这辆汽车运到了住在艾伦镇的一个朋友那里，还附上了一封信，大致内容如下："亲爱的阿尔伯特，我给你寄了一辆大切诺基汽车，即期汇票和装货票随信附上，你务必买下这辆车，因为我已经兑换了即期汇票，并且把钱花了。"

"亲爱的阿尔伯特"确实买下了这辆车。然后他们以同样的方式制造并发运了另一批，大约五分之四的车卖了出去。市场对汽车的需求越来越大，资金上的问题也越来越尖锐。

威利斯先生带着他那著名的友好笑容去找债主了。他说："你们要是让我们倒闭，你们什么也得不到，因为我们这里什么也没有。但是如果你们给我一个机会，我会努力渡过难关，还清我们的所有欠款。"债主们接受了那个提议，因为他们也没有其他办法了。

威利斯先生筹集了更多的资金 —— 数量不多 —— 但也能够继续下去。很快公司生产的产品都被卖空，没有时间修建更多工厂了，于是他搭起了帐篷。就在那些帐篷里，那个季度挣了 36.5 万美元。

我不能保证这些数据完全准确，因为我是凭着记忆来讲述这个故事的。但是故事的精华部分准确无误，并且很能说明问题。

当时威利斯先生决定返回埃尔迈拉，并且在那里设立工厂，那是他的家乡。一天晚上他在刮胡子，准备去赶火车，他在托莱多的代理打来电话。代理商告诉他在托莱多有一家工厂 —— 波普 — 托莱多厂破产关张了。代理商说："来看看它吧。你会发现它的设备很好，有足够的钢材和零件，你出个价买了吧。"

结果威利斯就在托莱多停了下来。第二天，他在工厂里逛了一圈，然后去了纽约，把工厂买了下来。第三天他又去了欧洲。他回来以后，看到手下的人已经把钢材卖出去了，仅此所得就比买工厂的钱要多多了。

正如我所说，这个故事可能并不完全准确，但是能够阐述我想说明的观点。精髓已经在其中了。

下一个季度，我接手了大切诺基的广告 —— 那是他们第一次做广告。我分析了形势，找出这种车最吸引人的特点。我搜集的所有的数据中，只有这个传奇故事最打动我。于是我的第一个广告名字就叫"美妙的大切诺基故事"。我讲述了用户的需求是如何引领着约翰·威利斯承担起供应产品的责任，需求是如何增长以至于需要搭建帐篷工厂的。

这个故事又一次很好地说明了广告中的一个原则。人们像绵羊一样，与你我一样，他们也不能判断价值。我们在很大程度上通过他人的印象、大众的取向来评判事物。我们随大流，所以在做广告时我找到的最有效的东西就是大众的趋势。

人们总是喜欢跟风、随大流，这个因素不容忽视。我们很少自己决定事情，因为我们并不清楚事实。但是当我们看到多数人选择某个方向的时候，我们很有可能与他们做出同样的选择。

我在我的广告中展示大众是怎样渐渐选择大切诺基汽车的。我描述需求是怎样迫使一个倒闭的企业有了清偿能力，这种需求如何创造了一个帐篷工厂。这种描述让人们开始思考，然后他们也开始跟随潮流。大切诺基汽车，就像今天一样，成了世界最畅销的汽车之一。

雷奥汽车曾经一度非常糟糕。一个季度的货卖不出去，销售基本已经停止了，下个季度的前景一片灰暗。他们找我来应对这个紧急情况，这也是我在广告业的主要职责 —— 应对紧急情况。风平浪静的时候没人会来找我，顺风顺水以后几乎所有的客户都不再找我。

这在某种程度上也是我的过错，因为我喜欢应对紧急情况。我更喜欢做驾驶员而不是船长。当广告的船只进入清晰的航道以后，我基本就对它失去兴趣了。工作开始变得单调烦琐。我总是准备弃船而走，开始驾驶另一艘。

再说，广告主对老在同一条航线上跑也会厌倦，他会认为读者看到这条广告的次数快赶上他了，所以在这个时候，他就希望来一些变化。

我从来不同意这种观点：当一个人发现一条正确航道的时候，他总会想着保持这条道路。其实可能有其他道路通向成功，甚至是更大的成功。但是命运总是喜欢与人作对，在任何行业，能够获得巨大成功的道路都是为数不多的。当某个方法可以带来利润的时候，我就很犹豫不想放弃它，除非我能够通过一些实地检验，发现并且证实有一个更好的方式。在一群人身上证实的最好销售方式很有可能也是在另外一批人身上的最好销售方式。

在我看来，每个广告都要讲述一个完整的故事。它需要囊括所有有价值的事实与观点。我认为，大多数人读一个故事都只读一次，就像读新闻一样。我找不出理由为什么他们要读两次。所以我希望他们在那一次阅读中就能够接受所有的令人信服的事实。

对于阅读各种广告的人来说，任何被说了一遍又一遍的完整故事最终一定会变得单调乏味。写这个故事的人也是如此。作者和读者都会开始期盼变化。

我仔细研究了雷奥的情况，然后就到别处开始考虑。这辆车是由最早的汽车生产商之一的奥兹先生制造的。考虑到这一点，也考虑到它目前的困境，以及影响所有目前形势的竞争因素，我想只有有效的措施才能解决这个困难状况。

几天后我回到雷奥，告诉奥兹先生我会接受这个广告，但是有 3 个条件：第一个是他将新的车型命名为雷奥五代，这样能够用一个有差异性的名字强调我们有一款新的车型。

第二个条件是奥兹先生在广告上签名。这样能充分利用到他的名声。我告诉他我会写广告，他签起来会觉得十分自豪的，他也同意了。

第三个条件是，他要宣称这辆车是"我的告别之作"，这样能够象征一种终极的程度以及他对这辆车的满意。"但是"，他回答，"我还不想退休呢。"我说他没必要退休。莎拉·伯恩哈特做了 7 次告别演唱会，他也可以有这么两三次。每一次告别都是为了让别人记住。

于是我们把广告做出来了，标题是"我的告别之作"，下面署名"设计师奥兹"。这个广告要表现的就是这个人，一个质朴真诚、经验丰富、知识渊博的人，一个不惜代价、只做精品的人，一个将声望看得比利润重要得多的人。

这次广告活动从一开始就取得了非同寻常的成功。雷奥五代立刻成了该年度最引人注目的车型。一个新的时代降临雷奥公司，直至公司发展成为工业界最坚实、最成功的公司之一。

但是由于一些其他原因，我所做的最成功的汽车广告最终以灾难收场，那就是米切尔汽车的广告。我被叫到那里应对一场危机，与往常一样，我对汽车公司形势、现代的理念与潮流做了大量的研究。得出的结论是，最好的解决方法是在效率上下功夫，效率是当时各行各业探讨的一个流行的主题。

米切尔公司有一个能干的效率专家，他们有非常高效的工厂集群。于是我想出了广告标题"约翰·贝特，效率专家"，然后我讲述了这个人的故事以及他的工作方式。

那个广告活动也十分出色。我从来没有想到汽车广告可以带来这么大的需求。销量开始大增，我拨动了大众的心弦。因为汽车卖主们最关心的是由效率带来的经济核算。很快，公司走在通向巨大成功的道路上。它大量追加投资，但是，这种车的结局却是竹篮打水。由于公司的工程师省略了大量的细节，几百辆车被退回来了，每辆车的出售都让米切尔这个品牌蒙羞。销售量越大，造成的损害就越大。广告的成功与实际提供的汽车放到一起就是一场灾难。我们过高估计了卖出的产品，臭名远扬已经无法弥补。这是广告业的另外一个教训。

1924年，我被找去为斯图德贝克汽车做广告，我已经离开汽车行业几年了。我必须重新了解当下的情况，这个至关重要。如果一个人无法了解公众的趋势，他永远也无法触动人们的心弦。

我花了几周的时间研究形势。斯图德贝克曾经取得了巨大的成功。成倍增长的销量，不断增加的资产和利润，使它成为股市上的黑马。我觉得正是这些令观望者感到鼓舞的事实，是斯图德贝克成功的一个主要因素，于是我决定在这个基础上开始工作。

我在广告中开始采用所有人都非常熟悉的活动方式。我们引用了成倍增长的销售额数据，用来说明它们所代表的资产和设备。我们用真实数字说明批量生产如何能降低成本，我们把自己采用的某些材料的成本与其他人所采用的材料的成本做了比较，给出了具体数字，表明了我们如何通过年产 15 万辆车来解决成本相对较高的问题。这些方式对于那时的汽车业是一种全新的方式，而如今已经很普遍了。

这次广告的经验与我从其他所有推销工作得出的经验一致。一个人必须清楚买家们想的是什么，他们想要什么。一个人必须清楚潮流，才能引领潮流。像许多人做广告涉及的仅仅是广告文案的撰写。人们觉得语言与风格很重要，其实不然。如果写得好就有效的话，那么广告就会成为一种危害。这种方式暗含着推销的意味，而任何推销的努力都会受到相应的抵触。

书面推销与人员推销是完全相同的，模式化是一种先天不足的做法，任何喧宾夺主的东西都会削弱受众的印象。一个人可能会说："那个广告真漂亮，图片真是完美，表现方式妙不可言。"但是就是这种想法让一个人不能受到广告的影响。这种方式缺乏真诚，它展现的是一种销售努力。当看到有人很明显地是希望我们从口袋里掏钱时，我们总会变得非常警觉。推销的唯一方式就是通过某些途径让自己看起来像是在提供优质服务。这种服务提供方式可能十分简单，大部分成功的广告都是以这种简单的方式达成的。它们通过一种亲近人心的方式打动人心，它们看起来像是在提供需要的服务。这就是为什么很多"制作精良的广告"最终不能带来效果，人们对此十分警觉的原因。这也是为什么那么多成功都是通过看似简单的方式达成的。能够做到这一点的都是能够忘掉自己的超级销售员。

⑪ 通过名字传递想法，这有很大的优势

给轮胎做广告也是我的工作任务之一。从有了自行车的那一天起，人们就已经开始给轮胎做广告了，但那时在广告中，轮胎的品牌名只是出现一下而已。固特异（轮胎）公司多年来一直是我们的客户，他们的广告费一年还达不到 4 万美元。当时没有人相信轮胎也可以流行。

有一天我们突然意识到，增加客户数量也可以扩大广告生意。于是这便成了我们公司生意上的一条主要原则。随着与我们合作的行业越来越多，逐渐在全球范围内我们成了广告业数一数二的大公司。

广告公司的佣金是由出版商支付，这样做不是为了方便客户随时换掉广告公司，而是为了增加广告的发行量。公司提高收入有两种办法，一个是寻找和开拓新的合作机会，另一个就是尽可能多地让现有公司增加广告投入。

我从来不从别的广告公司抢客户。但是有一种情况例外，就是我不能眼睁睁地看着一些好机会被错误的推销方法给毁掉。几乎我所有的大客户的关系都是一步步建立起来的。有时候我一开始也接小单生意，然后随着客户公司盈利不断增长，这笔生意的投入也慢慢增长。这种提高才能带给我真正的满足感。

固特异公司听了我们很多劝说后，决定增加广告投资费用。第一季度他们投资了 20 万美元，这对他们来说是一个很冒险的决定。

当时固特异公司正在推广一种他们称为直边轮胎的产品。我听说过这个产品，我办公桌上也经常堆着这种轮胎的广告，但我不知道它具体是指什

么。我对轮胎、广告都感兴趣，但对这种直边轮胎不感兴趣。我问他们直边轮胎的情况，他们向我解释了直边轮胎和楔形轮胎的区别，告诉我这种直边轮胎的钢圈不会断裂，并且较之同样大小的轮胎，它可以多承受 10% 的空气压力。

"那么，"我问道，"为什么你们不向顾客强调这种结果呢？结果才是人们追求的。他们对过程一点都不感兴趣。"

我的话对他们来说，是闻所未闻。作为制造者，他们感兴趣的主要是制造。他们对制造细节兴趣浓厚，自然想把这些细节告诉大众。但这就是为什么我说制造商不要自己策划产品的广告。当然，现在已经很少有公司会这么做了。如果做广告的人就来自产品制造工厂，那么他自身的兴趣爱好会让他忽视了顾客的兴趣，因此他看不到顾客的需要。他只是强调他自己感兴趣的事情——他的制作方法、制作流程、工厂的规模、经营的历史等。而广告人应该研究顾客，告诉顾客他们想知道的事。

我为它取了一个名字叫"永固轮胎"。每个广告上我们都用了这个标题——"轮胎永固，10% 增容"。这个方法成效很快、很明显，一方面轮胎销量突飞猛进，固特异轮胎公司很快就在轮胎行业占据了领先地位。另一方面，所有的竞争对手都不得不生产这种直边轮胎。两三年后，固特异公司与其他公司相比，在这方面已没有了优势。所以我们渐渐减少使用"永固"的提法，更多地强调品牌"固特异"。

然而，那个时候，公司的另一个优势让人振奋、印象深刻，这就是我们的需求量有了飞速的提升。我们用图片和文字大肆宣扬这一点，后来，整个机动车行业似乎都转而使用固特异轮胎了。

在大多数领域里，这都是一个很好的销售理念。人们总是从众的，在很多事情上他们很难分析出原因和结果，所以他们跟随大众的选择。

我们给轮胎还改了一次名字，叫"全天候防滑轮胎"。我明白什么样的承诺是最重要的，于是就取直接蕴含这层意思的名字。所以，名字体现我们的想法，名字就是广告。当时我们主要的目的就是，让机动车不受轮子类型和天气的限制，都能使用这种轮胎。从那以后，使用固特异轮胎成了一种消费习惯，主要就是受到了这个时期的影响。

通过名字传递想法，这有很大的优势。产品的名字通常都在广告中显示出来，因此对于那些整天忙碌的人来说，恰当的名字就是一个完整的广告。要做优秀的广告，取一个好的名字通常是关键的一步。不用怀疑，这样的好名字往往有事半功倍的效果。大家现在不妨想一下这些名字的价值：五月风清新剂、戴安阳光鞋油、三合一汽油、棕榄香皂等。

我们还要解决的一个问题，就是要让经销商储存备用轮胎。那个年代很少有经销商会这么做，他们只在有客户上门的时候从固特异分公司购货。于是我们策划了一场大型的报纸广告活动，把有存货的经销商名字都印在广告上，最低的存货金额是 250 美元。基于这个活动，几个月内，大约就有 3 万经销商备货固特异轮胎。这场活动使轮胎行业的整个运作面貌有了很大的改变。

把有存货的经销商名字列在当地的报纸上，会让其他经销商不得已去存货，没有别的方法比这个更奏效了。没有人愿意看到对手的名字列在广告上，而他的名字却没有出现。参与这个活动的人越多，争取更多人参与就越容易。通常用这种方式，可以全面打开新产品的销路。

固特异轮胎广告是我事业生涯最成功的杰作之一，它让固特异轮胎在行业内拔得头筹。要改变不利局面，我也找不到比这种方式更奏效的了。该公司的广告费一年内就从 4 万美元增加到将近 200 万美元。

但是，我还是失去了这笔生意。他们想要做公司形象广告，而我永远不会赞成这种做法。他们这样要求也是人之常情，巨大的成功会让大多数人滋生想要炫耀的想法，但是吹嘘是常人最不想听到的事。人们喜欢描绘他们心中的理想之苗，告诉大家它们是如何苗壮成长的，还宣扬一点他们种植的方法和原则。这可能会让人很有成就感，但这并不是销售。我不想做这个广告，是因为在广告行业，或者其他的行业，没有人能够负担得起违反原则所带来的后果。一个人向钱妥协的那一刻，他就输了。他可能会收获金钱，但输掉了他的艺术精神，输掉了奉献职业、追求卓越的精神。

这就是广告行业里大多数矛盾引发的原因。外行人付了钱，他自然有权利支配我们。一开始他还不熟悉如何运用这个权利，这个局面对他来说太陌生了。但是终有一天，他会觉得自己也是一名广告专家。这真是让人想不通，为什么我们总想着要在自己不熟悉的领域里一展拳脚呢？

这种想法会让很多人走偏。人们在某一个领域赚到钱，然后胡乱投放到很多别的领域里面把钱输掉。可能是一个领域的成就让他们觉得自己就是生意上的超人了。

这些人不会冒险指导外科医生动手术，也不会告诉律师如何去赢一个官司，更不会指挥艺术家画一幅画。他们意识到像这样的职业还是需要专业知识的，但是广告业不是这样的。这个行业在他们看来似乎很简单，因为它的受众也是那些头脑简单的普通人。可是他们没有意识到，光是学习广告业最基本的原则，可能一生的时间都不够用。

后来我接手了米勒轮胎。当时的局面发生了完全的改变：购买者整体意识到好的轮胎都是差不多的。我们必须改变大家的这种印象，用某种办法守住自己的优势。

太平洋海岸地区的公共汽车主要使用米勒轮胎。我收集了数据和记录，发现公共汽车使用米勒轮胎的数量惊人，它们的运行里程数也同样让人惊讶。这种趋势对于米勒轮胎走经济实用路线是很有好处的。

这些事实是我广告活动的关键卖点。普通的轮胎购买者不会做此比较，也很少记录轮胎里程数。即使他记录了，也采用的是不科学的方式。但是他知道轮胎的大用户不会仅凭猜测，就使用某种轮胎。于是我就用这种想法来做文章。我用精确的数据展现了对比的结果，勾勒了米勒轮胎经济实用的趋势。这样一来，人们也清楚地知道自己在干什么。

我告诉大家米勒工厂所做的测试。他们模仿公路实况，用大型机器磨损各种各样的轮胎，最后测试结果表明米勒轮胎在耐用方面是有优势的。我要给大家留下一种这样的印象——也是正确的印象——米勒公司的工作者们在尽全力保证轮胎使用里程数长。这是一场历时很短却又极其成功的广告活动。

和很多行业一样，我们要在经销商和顾客之间做出选择。我的观点是我们不能把一个东西卖两次。我们不能花大钱，对经销商让步，把我们的产品卖给他们，然后又花钱做广告替经销商销售做宣传。这样顾客要负担的税太重了，我们必须从中做出选择。

如果经销商对某个产品感兴趣，就让他去销售吧。如果我们只把产品卖给经销商，那么我们就只付给他销售这一块的费用。可是广告业最大的问题就在于销售费用成倍增长。广告商要赢得顾客，这笔钱就够多了。然后他还要把利润分给经销商和中间商，给他们免费的样品和别的值钱的赠品，吸引他们进货，却什么也得不到。而销售商和中间商实际上只提供订单需求，他们仅仅只做了接单员。

在零售业还有一个很大的问题，就是那些没有做广告的产品，它们没有顾客需求，所以要依靠批发商。而批发商要价不菲，不管你开价多高，总有要价更高的。因此利润也渐渐变得微乎其微了。

如果你是一名广告人，吸引顾客需求，你必须在某种程度上忽略这些中间环节。适当地付给他们钱，但不要为那些他们也办不到的事给钱。如果你允许中间商肆意妄为，他们会找你要竞争的费用。经销商也会把你分配给他们的利润和他们所赚取的利润相比较。他们意识不到在某一方面你也做了销售，他们只认为自己做了所有。

我所合作过的大多数行业都不请销售员，整个思路就是赢得消费者，让他们促使中间商和经销商订货。那些试图既把产品卖给消费者，又卖给经销商和中间商的人，他们付出了高额的代价。我们必须在两者之中选其一，销售的利润不足以同时应对这两方面。

⑫ 必须在别人认识到产品价值之前，挑起他们的兴趣

我们在公司里设立了一个顾问委员会，由我主持。我们宣布，任何人都可以把他在广告中遇到的问题带到那里，或是本人亲自前来，或是以书信方式，然后他会收到我们公司最优秀的人的建议奖，但并不一定要接受。大约16位能干的广告人坐在圆桌旁，给现有的或者潜在的广告商提供了一个诱人的机会。好几百人满腹狐疑地来到那里，而他们之中的十有八九我们建议不要再继续下去了。那些犹豫不决的客户都是倾其所有下赌注的大客户，在这个行业非常普遍。

我们会议的目标是培育好的广告人，帮助他们避免错误，同时争取在众多的广告提案中发现宝贵的广告机会。在同样的策略下，我们出版了很多书，依据我们的丰富经验给出建议。我们深感我们的利益建立在整个广告业繁荣的基础之上。错误与灾难妨碍广告业的发展，一次令人瞩目的成功可以激励许多新的探索。毫无疑问，我们有益而无私的帮助对于过去20年广告业的发展起到了重要作用。

一天早上，密尔沃基的约翰逊肥皂公司的约翰逊先生出现在了我们的聚会上。与他一同前来的还有查尔斯·皮尔斯先生，他刚被任命为销售经理，正在寻求一条成功之路。他们是来讨论一种名为"电触肥皂"的洗衣用肥皂。在认真考虑过后，我们建议他们不要打广告。为新客户打气实在是一件很困难、很费力的事情。根据我们所提供的事实，他们很快就同意了我们的看法。

然后我们问他们还有没有什么其他产品，他们说有一种新的洗浴皂叫作

"棕榄"，它是用棕榈油和橄榄油配制而成的，销售范围较窄，他们尚未考虑给它做广告。

那个时候与会人员对美容用品的前景还只有一个模糊的认识，这注定了我们以后要在这个行业大展宏图，取得巨大广告成功。对于女性来说这就是最大的吸引力了。有人提到克莱奥帕特拉曾经使用过棕榈油和橄榄油，还有人提醒我们当时的罗马美女也曾经这么做过。渐渐地，我们开始意识到一个广告机会正在萌芽，于是我们请求肥皂制造商让我们做个试验。我们建议在密歇根州的大急流城进行试验，试验费用需要大约 1000 美元。可是对于这么一个不确定的项目，这笔钱仍然太多了，于是我们被迫妥协，在密歇根州的本顿港进行这项试验，在那儿只需要 700 美元。在那个小城里"棕榄香皂"的广告第一次面世了。

我策划了一个上市广告活动，这种手法我曾经在许多最好的广告活动中都使用过。据我所知，这个计划是我的原创，也是我成功的诸多重要因素之一。我们发布了两三个广告，讲述"棕榄香皂"的故事，揭示它的美容特性。在广告上方的一个方框里，我们宣布几天后我们将为每一位提出申请的妇女购买一块"棕榄香皂"。这个提议让我们广告的读者数量倍增。当你提议给一个女人买些东西，她们会想要继续了解下去的。就这样，我们激起了大多数女性对我们合成香皂的兴趣。当我们觉得已经为它制造了足够的市场需求后，我们登出了一整版广告，上面附着一张优惠券，可以在任意店面兑换一块 10 美分的香皂。优惠券授权经销商给每人兑换一块，然后把账记在我们头上。

与"免费"相比，这个计划有许多其他优势。首先，它让人印象更为深刻。你可以出钱给经销商，买一件物品给女人试用，或者直接把那个物品免费提供给所有人，这两种做法会给人很大的心理感受上的差别。"免费"提供让一个产品变成了便宜货，让人们为可以当礼物赠送的产品付钱，他们一定会抵触的。但是，当我们跟消费者一样，自己先购买了这件产品，那么我们就显得非常自信，相信自己的产品肯定能够满足消费者。"我们来付钱"是一个比"10美分免费香皂"好得多的广告标题。

于是，这种购买方式就会促使经销商存储你提供的产品。不需要销售员，只需要把一张优惠券广告的证明寄给经销商就可以。指出基本每家每户都会收到这张优惠券，并且优惠券跟钱一样管用，妇女们是不会把它扔在一边的。如果一家经销商不愿意兑现，其他人会愿意。我们通过这个方案，没用多大成本就很快地建立了广泛的销售网。这当然也是广告的首要条件。

在所有的社区推出几个广告，宣布你的"购买"计划，你可以确信一大批人会读到你的这个提议，然后再通过页面广告的形式将优惠券附上，那么所有对你产品感兴趣的人都会来兑现它。于是我们就在两周的时间里让大众了解了我们的产品，并且赢得了上千顾客。

我发现，给自己并不需要的人提供样品或是全套产品没有任何作用。我们必须在别人认识到我们产品的价值之前，挑起他们对产品的兴趣。我认为不加选择地派发产品样品是一个非常糟糕的策略。将产品不经询问就派发出去或者直接扔在门口只会让人丧失对产品的尊敬。强迫人们自己做出努力，和你在顾客的要求下通过零售价购买产品，这两种方式是截然不同的。

这就是我们在本顿港最初采用的"棕榄香皂"广告的方案。这个广告成本是700美元，其中包括了兑现优惠券的成本。结果，有成千的妇女开始使用这款香皂，并且对它的质量和用途十分清楚。然后我们就等着看效果了。用户在使用完之后会有什么反应？这个问题的答案是广告中最重要的因素。

现在我要讲到一些数字，可能它们并不完全准确。这次广告活动是在1911年开始的，我的记忆可能有偏差，但不会差得太多。账单还没到期，本顿港的销售额就已经可以支付我们的广告费用了。我们当时就知道我们弹对了弦，我们赢了。

我们在许多其他的城市也采取了类似的广告试验，结果也大同小异。我相信，他们在地方广告上花了大约 5 万美元，证明了我们的方式的确有效。广告花费总是在广告活动进行中就已经赚了回来。接着，我们就向杂志进军，通过我即将讲到的方式，开始分销全国。

在这里我想停下来讲点别的。在我所有描绘的故事中，我无意夸大自己所扮演的角色。在我们公司里一群经验丰富的人共同合作，我们的老板经常说，我们所创造的成功，那些人没有我们也是可以达成的。我不同意这一点，在大多数的成功案例中，是我们发现并且开发了广告机会。这很自然，因为这就是我们该做的。广告计划、理论和策略都是我们创造的。但是还有一点非常必要，那就是可以让人接受的产品，那是由制造商决定的了。另一个非常必要的是良好的商业管理，我认为在发现广告之道后，"棕榄香皂"的成功就是取决于这一点。1911 年那个早上查理斯·皮尔斯的到来起到了至关重要的作用。

这本商业自传不是为了个人邀功，而是为了向我的追随者们指出那些我通过辛勤工作而发现的一些原则。我并不想要贬低任何人所扮演的角色或者是伤害任何人的自尊心。没有任何生意是由一个人造就的。

在地方报纸刊登"棕榄香皂"广告的试验完成之后，我们决定立刻开始发展全国分销网络。在这方面，我们采取了在地方广告中使用的方式。我们在《星期六晚邮报》与《家庭主妇》杂志上分别订购了一版广告。在广告页面我们插入了优惠券，可以在全国任意药店使用，换取 10 美分"棕榄香皂"。我们向各处药店寄去这幅广告的清样，并告诉他们无论是顾客还是药店，都可以把这张优惠券当作 10 美分来用。最终我们获得了来自各地的订单，实际上这种香皂他们还从来没有见过。我记得，这些订单的总额超过了 10 万美元。

中间商进了大量的货 —— 我想，是实实在在的存货 —— 所以，经销商可以很快地获得新的供应。广告刊登以后，优惠券的需求巨大。几天以后上万的妇女开始使用"棕榄香皂"，希望享用广告中介绍的产品优点。全国几乎每一家药店都在提供这个产品。重复销售带来的效果甚至比我们地方性广告的效果还要好。

这就是"棕榄香皂"品牌如何建立起来的，至少是在广告这个方面。现在，它每一年的销售额都有好几百万美元，"棕榄香皂"已经成为世界最有名的浴皂之一，每年的广告投入也非常巨大。制造商、广告代理商和报纸杂志出版商都获得了巨大收益，而这一切都源于这次 700 美元的试验。

我想要谈的经验就是：从全国范围来看，人性都是相似的。在本顿港能够取得成功，那么也就同样能从东海岸到西海岸获得成功。

人们不需要把一样东西推销两次，谁都不可能有那么大的实力同时向经销商和消费者推销。如果你卖给了消费者，那么经销商就会努力满足消费者的需求。这一点在现在比起以前更为重要。如今个人推销与广告费都已经变得格外昂贵。

迅速扩大销售量比缓慢扩大销售量会带来更高的利润。当能够证实一个策略是正确保险的时候，目标应该就是迅速扩张，达到最大生产能力。

最简单的事物，简简单单就能理解。如果还能拨动大众心弦，那么就可以在消费群中取得成功。在知识分子看来这些东西像是哄小孩子玩的把戏。"荷兰清洁剂，去除污渍""象牙肥皂，飘柔滑腻""金牌除尘套装，替你干活儿""孩子最想要的卡斯托里亚糖果""保持你的少女美肤"——这些东西却能赢得十之八九的受众。

我曾经认识一个人，他为商业书籍做广告。这些书籍很有启发性，基于独特的经历，每个生意人都应该读一读。但是这些书却卖不出去，赚不到钱。他咨询了我们办公室的一位广告专家，我们专家给他提的建议就是让他向买书的人宣布："您的名字将会被烫金印在每一本书上。"可能我们会很自然地认为这种通告对于商人来说不会很重要，但是这个方法却让这套书大获成功。这种方式让书显得与众不同，富有个性，这是比任何逻辑上的论点更能说服买家的。

一家人寿保险公司通过信函的方式在那些聪明的商人中间拉生意，通常他们的观点激发不了几个人采取行动。但是这家公司对他们说，公司准备了一种皮革封面的备忘录，上面烫金印着顾客的名字，只要他们接受，就可以把自己的日记本送来。只要告诉他们寄送地址就可以。同时告诉他们生日等信息——有了这些信息这家公司就可以准备人寿保险的提案了。

我相信这个提议只是针对那些忙于事业的人提出的。那些人每天都要埋头于重大的商业问题之中，但是这个提议获得的反响却很积极。那些忙于事业的人不喜欢忽视任何自己的东西，即使是一本属于他们的价格10美分的小笔记本。这就是人性。

现在回到棕榄公司，"棕榄香皂"的成功促使他们又进行了很多的广告投资。但大多数都反应平淡，与绝大多数采取同样方法的广告结果一样。无论他们还是我们，是谁，都没有什么超能力可以做到不可能的事情。

其中一种产品是"棕榈洗发液"，他们在这个产品上没有提出任何创意，它仅仅就是一种好的洗发液。他们想要表达的是"用我们的牌子而别买其他的"，这样的表达从来就不会起多大作用。

日本附近的一个岛出产一种对生发有益的油膏。我身边有些照片，上面描述的是日本女人站在椅子上，头发一直垂到地上。这种油膏所有的供应合同都被法国头油制造商垄断着。现在这个合同过期了，我劝说棕榄公司的人们买断这种油膏，但成本确实很高。

我不知道"棕榄洗发液"的推销运作过程，但是我拥有与其他洗发液公司合作的经历。而且我知道如果没有独特的诉求，没有人能够在竞争激烈的领域取得成功。

让我从另外一个角度，也就是"棕榄剃须膏"的角度，谈谈我的经验。因为有了"棕榄香皂"的名气，开发剃须膏这个产品的主意也就顺理成章了。但是还有些问题需要考虑。实际上所有的剃须膏使用者都倾向于使用某个牌子，他们之中很多人可能用某个牌子用了好些年了，而且还挺喜欢的。我们的问题就是要把客户从使用另一个品牌里抢过来。

很难说"棕榄剃须膏"有什么非同寻常的效果，这不合常理。一些国内最大的肥皂制造商已经研究肥皂很多年了，但是却从来没有明确清晰地展示他们到底取得了什么成就。

我派出了一些调查员访问了上百位男士，问他们最想在剃须膏里得到什么？然后我把这些答案带到了当时棕榄公司的总部密尔沃基，然后让他们的首席化学师卡西迪过目。我说："这些是男人们想要的东西，可能他们能够从其他的剃须膏中得到这些，但是没人告诉他们棕榄公司的产品有这些优点。把有关'棕榄剃须膏'效果在这些方面的实际数据告诉我。"

男人们想要更多的泡沫，卡西迪证明"棕榄剃须膏"能够产生自身250倍的泡沫量。男人们想要更快的节奏，棕榄公司的化学家们通过实验证实1分钟内胡须可以吸收15%的水分，胡须就像打过蜡一样容易刮除。男人们希望泡沫持续时间能够更长，化学家证实"棕榄剃须膏"可以在脸上保持完整的泡沫状态达10分钟。

人们都知道棕榈油和橄榄油可以用作润肤剂，但我问卡西迪先生，关于剃须膏还有没有一般人不知道的其他什么东西？他说，有一个人们没有认识到的最重要的因素，那就是人们为什么在刮胡子时不能用普通香皂。那是因为普通香皂的泡沫效果不强，持续时间短。泡沫要挤在胡须缝隙中间，使胡须变得坚挺，就像小麦等待收割的状态一样。于是，我们就这样为"棕榄剃须膏"做广告，这也恰如其分——合乎要求的泡沫。

可能其他的剃须膏也能达到同样的效果，我不知道在这一行里谁能比谁强多少。但是我们是第一个为我们的结果给出数据的人。一个准确数据比起任何滔滔不绝的说道都要更有效果。

有人告诉我，"棕榄剃须膏"在进入这一领域的 18 个月后，它就控制了市场。如果是这样，这要归功于我们用实际的数据代替了虚无缥缈的承诺。

任何人读到这里，如果他对真正的广告业感兴趣的话，都应该抓住我介绍的要点。你不可以仅凭着"买我的品牌吧"这一诉求进入一个被别人长期占领的市场。那是一种自私的诉求，让所有人讨厌。一个人必须提供独特的服务，以吸引人们将注意力从他们中意的别的品牌转向你的品牌。普通的广告商并不能够提供那种独特的服务，你不能那么奢望。但是，如果能够在一个服务上提供其他广告商未能提供的准确数据，这也能带来巨大的优势。

以马自达电灯或其他这类钨丝灯为例，如果只是说它们比碳丝电灯更亮，这样的一个表达不会给人留下太深的印象。

大家都能料到一个卖家会说自己比其他卖家强。但是当你告诉他们，钨丝灯的发光效率是其他产品的 3 倍以上，很多人就会开始考虑这个问题了。

回头看看所有的案例，它们背后都隐藏着个人推销技巧，所有的广告都要基于此。站在门口与一个主妇交谈，和与她在夜灯下促膝交谈有很多相通之处。同样的推销员在哪里都适用，而广告只是纸面上的推销。

⑬ 让新客户转变观点是得不偿失的

我最大的成功之一来自我为"膨化小麦"和"爆米花"所做的广告，故事是这样的。

克劳威尔是桂格燕麦公司的主席，也是我的老同行的一个朋友。我那个同行极力推荐克劳威尔先生向我咨询，看我能够如何帮助他。于是，一天克劳威尔先生把我叫到他的办公室，对我说："我们之间的广告合作已经持续了很长时间，并且效果也很令人满意。但是我们还有很多领域并没有进行广告宣传。如果你能找到一个有潜在机会的领域，我们就会同你一同试验。我们计划花费5万美元或者更多钱用来实现你的想法。"

我审视了一下他们的业务领域，发现有两样非常具有吸引力的产品。一种叫作"爆米花"；而另一种叫作"小麦胚芽粉"。当时大米的销售价格是10美分，小麦的广告价是7美分。销量一直在下滑，制造商们都已经笃信，他们的产品不可能获得成功。

我挑选这些产品是因为它们有独特的诉求点。我极力建议他们将"小麦胚芽粉"这个名字改成"膨化小麦"，这样我们就可以把这两种膨化谷物拿到一起做广告了。我要求他们改变零售价，把"爆米花"的价格定在15美分，把"膨化小麦"的价格定在10美分。这样平均每袋的售价就增加了1.25美元，增加的那部分售价正好可用来做我们广告经费。考虑到我们在广告上做出的努力，我确信，额外的增价并不会减少销量，相反还能为我们提供资金开发新的用户。

我跑到膨化谷物的生产车间，它们的发明者 A.P. 安德森教授陪同着我。我们晚上乘坐火车，白天待在工厂，无时无刻不在研究各种可能的机会。

我弄明白了谷物膨化的原因，它们让每一个食物细胞都发生膨胀。我亲眼看到这种谷物变成比平时的 8 倍大，这让每一个谷物原子都变成了食物。

我观察着这个过程，谷物从"枪"里面被发射出来。于是我制定了这个广告词："从枪里面射出来的食物。"

这个想法听起来荒诞不经，国内最伟大的食物广告商之一还就此专门撰文讨论。他说，在所有愚蠢的食品广告中，这个广告如果算第二，没有其他广告敢说自己是第一。通过"从枪里面射出来的食物"来打动女性用户的这个想法，一定是一个弱智者想出来的。

而事实证明这个想法却很吸引人，它激发了人们的好奇心。而我们知道，与人打交道时，引发对方的好奇心是最有效的刺激方法之一。

膨化谷物这个广告活动背后隐含的道理值得我们深思。它成了谷物类食品领域最为成功的广告，也让"膨化小麦"和"爆米花"成为早餐食品行业最吸金的产品。

首先，我树立起一位人物形象 ——A.P. 安德森教授。无论在哪里，我都尽可能地这么做。个人最能打动人心，冷冰冰的企业是做不到的。让一个人出名，你就可以让他的产品出名。我们所有人都喜欢研究别人的生活与他们的成就。

接着，在每一条广告中，我都将这些谷物刻画成普通尺寸的 8 倍大，我要让人们想亲眼看看。

我把谷物膨胀的原理告诉大家。在每粒谷物内部，我们制造了 1.25 亿次蒸汽爆炸 —— 这意味着每个食物细胞都会爆炸一次。于是，所有的元素都会变得易于消化。我把这些实物产品所能提供的全部魅力与全部诉求点都集中到一起。

以前膨化谷物做过多年广告，但是却越来越让人失望。它的广告跟万千谷物食品广告没有任何差异。没有提出任何特点让它变得特别，或者让人们对它产生独特的兴趣。而新的广告方式让它们变得独特，激发了人们的好奇心。读了膨化谷物广告的人都想亲眼看看这些谷物，而他们一旦试用了，就会成为长期顾客。

但是我们也犯了许多错误，也纠正过很多行为。我们在报纸广告上投入了大量资金，超过了这个行业可以承受的范围。报纸会送到所有人手中，而这种昂贵的食品领域只对部分人有吸引力。报纸所到达的读者群中，十有八九根本买不起膨化谷物。所以我们最终证明，杂志广告是我们唯一的可能选项。

还有一个错误就是我们毫无针对性地散发了几百万份样品，样品本身并不能赢来多少客户。我们必须首先建立用户的兴趣，以及用户对产品的期待。

于是我们停止了向不感兴趣的人们派发样品。接着我们在上千万份杂志上派发广告，每份广告中都附上了一张优惠券，可以在任意杂货店里面获得一袋"爆米花"或者是"膨化小麦"。人们首先读到了我们的故事，如果他们把优惠券剪了下来，说明他们对我们的故事是感兴趣的。那些人很乐于接受我们提供的整套服务，他们能够在其中找到自己所需要的东西。

所有的样品派发都是如此。把样品扔在门口永远是得不偿失的，这种样品就像丧家之犬一样让人瞧不上眼。只对那些采取行动想要获得产品的人派发样品，因为他们对产品感兴趣。要为产品创造一种氛围，否则它永远也不会给人留下长远的印象。

我们学到的另一点是：我们刊登了上千万份广告，谁买了"爆米花"我们就会免费提供"膨化小麦"。这个提议没起多大作用，诸如此类的提议都是如此。它只是一个减价措施。对于心意未变的客户来说，半价销售与全价销售相比同样困难。我们在这一点上做的几百万份广告并没有给我们带来多少新用户。

广告主总会发现，半价购买产品的优惠券并没有多大吸引力。一个要人家花 10 美分获取样品的优惠券只会吸引一小部分人。要记住的是，你是卖家，你在试图赢得顾客。那么你就要让对你感兴趣的人群试用产品变得简单便捷。不要让他们出钱，这是你销售所要做的妥协。

在这个上面省钱会让销售的成本成倍增长。索取每份免费样品可能会花费你 25 美分，如果你就样品向顾客收取 10 美分，那么索取样品可能会花费你 1.25 美元或者更多。要挣得那 10 美分，你可能会损失 1 美元。并且你花了那么多钱，可能只能赢得五分之一的顾客。这是广告业中最愚蠢的做法之一。

我在膨化谷物上的成功使得桂格燕麦公司开始让我研究他们其他的提议，最主要的一个就是桂格燕麦。在这个上面我犯了人生最严重的错误之一。

我认为桂格燕麦公司控制了燕麦行业很大的一部分市场，如果我们可以增加燕麦消费的话，那么我们就可以从中获取最大利益。于是我的第一个广告活动就是针对这个方面筹划的。

我就不再探讨具体方式了，它们传播得很远并且十分有效。我雇用了几百人为我收集数据，但我却犯了错。几个世纪以来吃燕麦食品一直被视为一件重要的事。所有人都知道燕麦的价值，那些不吃燕麦的人总是因为有某些难以克服的原因。

我用一种全新而且具有吸引力的方式发动了一场教育性广告活动，但是没有得到我们期待的反应。我们发现让更多新客户转变观念是一件耗费巨大气力的事情。没有新客户会以他一生的饮食习惯的改变为代价回报我们。

在很多产品上都是如此。比如说，为了争取新的牙膏消费者而劝说人们刷牙。我推算，争取这样的一个新顾客的代价至少要 25 美元。牙膏制造商要花上几十年的时间才能够收回成本。

新的习惯是由广泛教育培养起来的，主要靠作家们在免费版面进行宣传。据我所知，任何行业，都没有广告商在能够单枪匹马改变人们习惯的同时还可以挣到钱。

如果大规模上做不到这一点，那么小范围就更加不可能了。任何以此为目标的广告都是一种浪费。没有人能够在赚钱的同时用有偿广告改变人们的习惯。广告主往往是在习惯改变后才加入进来，告诉人们："这才是正确的方式。"

没有意识到这一点的广告商们浪费了几千万美元，他们盯着的那些人还没有经过思想转变，并没有准备好接受他们提供的产品。这个想法很好很无私，但是却没法挣到钱。

我后来为桂格燕麦做的所有广告都是针对燕麦食品现有的消费者的，我再也没有试图赢得新用户。我只是告诉现有用户我们提供的优势，通过这些方式，我们赢得了很好的效果。

我们最大的成功是在第一次世界大战期间取得的。那个时候我们所有人都被建议使用肉食的替代品，于是研究卡路里成了一个大热门。桂格燕麦的卡路里指标是非常突出的，每1000卡路里的价格只有肉类的十分之一。通过宣传卡路里，我们让桂格燕麦的销量翻了一番。

但是我们一直清楚，较长的烹调时间是人们食用燕麦的一个最大障碍。当时一家竞争公司生产出了一种可以快速烹调的燕麦产品，从我们的市场份额中夺走了很大一块。就在那时，一位发明家带着一种现成燕麦的设想找到了我们。我们把这种产品叫作"两分钟燕麦"，它只需要加热就可以食用了。

我们把这视为解决燕麦问题的绝佳方案。我们大部分人都想要不经测试直接采取这个方案，但是我还是建议先试验一番。

于是我们在几个小镇里面对"两分钟燕麦"进行了试验。我们提供免费包，然后我们写信给用户请求他们反馈意见。结果用户的意见与我们期待的相反，燕麦的风味与他们熟悉的味道不一样。新用户可能觉得这个味道更好，他们很可能会这么觉得。但是燕麦的老用户却不喜欢这样的改变，而新用户的数量又太少，不值得考虑。

于是，"两分钟燕麦"被证明是一个失败。

之后又有一个 3 至 5 分钟烹调燕麦的设想。燕麦风味并不独特，大部分董事会成员都反对这项提议，因为"两分钟燕麦"之前已经失败了。但是我还是建议他们测试一番，了解家庭主妇们的想法。我们把这种燕麦命名为"速食桂格燕麦"。

于是我们又在几个小镇里进行了试验，付钱让顾客买下第一包产品尝试一下。我们告诉每位用户我们不在意他们更喜欢"桂格燕麦"还是"速食桂格燕麦"，我们只想知道他们的偏好。大概 90% 的客户选择了"速食桂格燕麦"，现在"速食桂格燕麦"相比"桂格燕麦"已经有了明显优势。

所有的这些都给予我们非常重要的经验教训：我们的成功取决于如何满足大众。通过花费不高的试验，我们就可以得知我们是否真正让顾客满意。据此，我们可以不断调整自己的努力方向。

"两分钟燕麦"之所以失败，是因为它独特的风味并不适合大众的胃口。但是"速食桂格燕麦"却让桂格燕麦公司在燕麦行业有了新的一席之地。只需要以极小的代价，把问题交给几千名家庭主妇，那么两者差异就能立刻显现出来了。这种做法总是行得通的。任何人都可以不必冒很大的风险就准确地判断出什么是别人想要的，什么是别人不想要的。

这大概是广告成功的唯一方式了。靠猜测，可能 50 次里有 1 次会是对的。但是通过试验，50 次里有 50 次测试结果会告诉你应该怎样做，应该避免什么。

⑭ 每个广告活动都取决于它的心理攻势

迄今为止，我职业生涯的最大成功要数为"百普素登"牙膏所做的广告。它的市场推广商与我合作已经有 22 年了，我去洛德暨托马斯公司的时候他还十分失落。他给我提供了很高的薪水安抚我，让我等他找到共同的合作机会。

他参与了亚利桑那州图森的一些灌溉项目。在那里夜晚漫长而寂寞，于是他把一帮爱好健康的熟人招到那里做伴，其中有一个就是发明这种牙膏的人。

他最初向我提出这个想法的时候，我试图给他泼冷水。这是个技术提议，我觉得无法向外行人教授这些技术性强的牙膏理论。而且他还坚持要定价 50 美分，而当时普通牙膏的价格都是 25 美分。

但是他非常坚决，所以最终我同意接手这个广告，条件是他在一笔股票上给我 6 个月的持有权或转让权，他同意了这个条件。

我读了许多牙医权威阐述"百普素登"原理的书籍。这种阅读十分枯燥，但是在一本书里，我发现了一篇关于特殊的齿面保护层的参考资料，我后来把这个保护层叫作"薄膜"，这让我有了一个能够吸引人的设想。

我决定将这款牙膏打造为美丽的缔造者，准备好好利用一下"薄膜"这个概念。

提到牙膏，很自然人们就会联想到它的防护功能。但是我长期以来的经验告诉我防护措施并不广受欢迎。人们会尽一切可能解决一个问题，而不会花多少心思预防这个问题。无数的广告创意就是因为不理解人性的这一点最终遭遇滑铁卢。通常情况下，防护对于人们来说没有多少吸引力。

当时有人建议我展现长期忽视牙齿所造成的后果，也就是负面的角度。但是我知道，让人厌恶的想法很少能赢得读者，或者让他们思想发生改变。人们不想读到他们要面临的严重后果，他们想听到褒奖。"欢笑，那么世界同你一同欢笑；哭泣，你只能独自哭泣。"人们想要听到变得快乐和振奋的方法。

这一点很重要，每个广告活动都取决于它的心理攻势。成功或者失败都取决于诉求的对错。很多广告商都试图通过吓唬人们的方式让他们去使用某一种牙膏。但据我所知，没有一家是成功的，除非他们的产品针对的是已经出现的麻烦。人们对如何避免危险没有太多的考虑，他们想要的主要是更大成功、更多快乐、更加美丽与更受欢迎。

我懂得这个基本原则。我从未提及灾难性后果，从来不展示让人痛苦的一面。我所有采用的画面展示的都是充满魅力的人们和美丽的牙齿。

但是还有很多事情是需要考虑的。有些是从过去经验中就已经学到了，有些我必须从这个行业里了解。我们在每个广告里都突出显示优惠券，我们尝试了几百条广告，广告推出后的结果一周接一周地反馈给我，报告还附上了我们所使用的广告标题。就这样，我渐渐了解到哪些广告标题能够吸引受众，而哪些标题则表现平平。

我意识到牙膏广告应该将美丽作为主要诉求，大多数男人和女人都希望能有吸引力。如果我能找到这么一种令人信服的方法，他们就会倾听我的观点。于是我开始在广告中拿美丽做文章。

但我也学到了一些其他东西。如果一个人只顾表现自己的优点通常不会受人欢迎，经常会受到嘲讽。有关卫生保健品的广告更是这样。

当我劝说人们购买"百普素登"的时候，我遇到了冷漠的反应。我请他们给我寄10美分获取样品，他们几乎完全忽视我的存在。于是我被迫采取利他的广告方式：样品是免费的，整个广告的目标是展开测试，探索相关产品哪个更好。我甚至从来没有提到"百普素登"是卖品，我从来不提它的价格。我的目标非常清楚，那就是自己出钱证实"百普素登"可以帮他们做些什么。

这个思路带来另一个启示。在大多数领域，比如说食品领域，"免费"这个词是很具有吸引力的，这让我们广告读者的数量倍增。提供样品看来是一种很自然的销售方式。

但是当我们谈到与卫生保健相关的产品时，人们的心理就不同了。我们宣称它能为人们带来十分重要的好处。当我们特别突出一种赠品，比如说早餐食品，它会削弱我们的重要性。它会让我们看起来像推销东西、只想要卖出东西的商家，而不是寻求福祉的科学家。当我们在广告中突出标示"免费"时，我们的效果就更加大打折扣。

诸如此类的事情是很难察觉的。当我们给甜点做广告，提供免费产品时，这与人性是吻合的。当我们提供卫生保健产品，然后还主打"免费"这个词的话，我们让原本可以吸引顾客的那些因素变得掉价。

我花了很长时间才学到这一点，我也浪费了些钱。但是我总是能够通过我的优惠券立刻得知我每一个诉求的效果。我在一周的时间里就意识到我的错误。我从来不在任何错误的理论上花费太多金钱，我很快就能发现对与错。

我们在"百普素登"牙膏上创造了广告史上最大的成功之一。虽然遇到种种阻力，这个牙膏还是开始征服世界。今天它在52个国家销售，用包括中文在内的17种文字做广告，并且无论使用哪种文字，我们的诉求总是同样有效。

我们进入的是一个已经被占据了的市场，在我们的成长过程中我们有无数的竞争者。我们从他们手里赢得了市场，让"百普素登"短短几年成了洁齿剂中的明星产品。这可不是巧合。

"百普素登"公司是一家小资本运作公司，大部分的投资都用在办公设备和机器上，所有的投资者都是老资格的广告主。如果不确保快速收益，他们是不会花大量钱投在广告上的。

我们确保了那样的快速收益。在第一座试验城市，我们花了 1000 美元，在广告账单还没结算时我们就把这笔钱挣回来了。我们也在其他城市进行了试验，结果也都差不多。然后支持我们的人就在这个已被证明确实可行的规划上投入了大量资金。就这样我们在一年内创造了全国范围的需求，4 年后又创造了世界范围的需求。

想想这个过程吧，这是我所知道的最为巨大而又迅速的广告业的成功。然而我自己准备的一系列错误广告可能会在 3 个月内让这一切不复存在，但是当时的我已经在广告业里摸爬滚打了将近 30 年，我已经从几百个广告活动中学到了很多东西。

我通过优惠券找出我的错误所在，并且快速改正错误。我立刻改变我的策略，在我们的错误还没有造成不可挽回的影响之前，我已经通过观察收益找出了确保快速成功的方法。

可能会有，也可能已经有过一百家牙膏制造商，它们开始自己的征程，而后遭遇失败。这仅仅是因为他们采取的是那些违背人性的理论。它们没有从错误中学习，因为他们没有迅速地检验结果。于是，他们触礁了，其实这一切原本是可以避免的。

我在"百普素登"赚了 100 万美元 —— 这还是一个我起初拒绝接手的项目。成功的原因仅仅是因为通过无数次试验，我正确地了解了消费者心理。

有什么经验教训呢？那就是我们都不可以仅凭自己的判断或者以往经验做事情。我们必须细心感受我们的做事方式，新的问题需要新的经验。我们必须以尽可能精确的方式检验我们要做的事情，从我们的错误中吸取教训然后改正错误，观察每一个诉求的效果。

这次经历之后，我可以列举上百种为牙膏做广告的错误方式，并且我能够证明它们为什么错了。可是如果不仔细估量结果，仍然会有数以百计的人采取那些错误方式导致失败，正如他们之前的失败一样。所以"百普素登"的经历让我明白任何决定都要依靠实际数据的引导。

⑮ 浪费广告空间是不可取的

　　我做过的大多数广告业务都是按照我前面提到过的方式开展起来的，如果每个细节都要仔细研究，就太枯燥乏味了。在我的职业生涯中，我还做过一段时间的邮购广告。从广告商的角度看，这个行业没什么油水。这种广告做起来不仅难度大，还费时费力，而且很少能发展成较大的规模。但是它很有教育意义。它让人们全力以赴，以正确的眼光看待广告的成本和收益。广告文案撰写人从邮购广告中学到的知识比在其他广告中的都要多。

　　在设计广告的时候，只要条件允许，我都会把成功的邮购广告作为写作模板。这种广告形式已经得到验证，大家知道它可以赚钱，否则它也不会一直沿用至今。它通常是多项跟踪调查的结果，所以它也可以说是这个行业内最好的广告形式。

　　研究邮购广告会让你懂得很多道理。它十分注重对空间的利用，文本经常选用小号字体，因为成千上万个实验证明大号字体太浪费了。广告中的所有图片都有助于销售，没有一张是只起装饰作用的。

　　选个能赚钱的邮购广告，把它版面放大两倍，采用更大的字体，加入更多的装饰和花边，你会得到一个看起来更有魅力的广告。但是你的销售和反馈成本也会上升到原来的两倍。

　　我们必须认识到这个问题，在经过成百个行业上千次的测验之后，经济原则已经成为切实有效的普遍法则。而且它也证明了不管是在什么行业，浪费广告空间的行为都是不可取的。这些浪费就包括之前提到的无助于销售的大字体、花边装饰以及图片。如果试行同样严格的测试标准，邮购广告会是所有广告效仿的楷模。

这是所有广告写手和广告客户最难理解和做到的一点。他们本能地认为广告要越吸引人越好，但是我们要记住广告的目的不是娱乐大众，而是推销产品，而且是以尽可能低的价格将产品推销出去。基于成本和收益的准确数据而制作出来的邮购广告，是目前最好的邮购广告。

曾经有一个广告客户向我们寻求帮助，他通过邮寄的方式售卖一种售价5美元的产品。每笔订单的成本是85美分，每件销售额是2.5美元，但是广告的效果并不理想，所以他想找一个方法降低销售成本。当时我们为他准备了一个广告，但是因为不够吸引人所以遭到了否决。他选择了另一家广告公司为他准备的广告，这家公司的广告更大，也更迷人。但是随之而来的问题是，这份售价只有5美元的产品，每份回复的成本就达到了14.20美元，然后他试用了我们的广告，每份回复的成本只有42美分。于是我们获得了他的广告权，并将平均回复成本数年维持在42美分左右。我们帮他节省了一半的广告成本，他每年还可以收到25万笔订单，对他来说这也是一个不小的数目。但是现实生活中有很多广告客户，他们不考虑广告成本，全凭广告外观来做决定，所以他们也会像故事中这个人一样，因为选用了一个徒有其表的广告，而付出了惨重的代价。这就是为什么有如此多的资源白白浪费在广告上的原因。不会计算成本的人总会被那些不懂方法的人牵着鼻子走。所以，我经常会做一些邮购广告，以此来提醒我做事要脚踏实地。

有一次我给一个分期付款的家居用品公司做邮购广告，这则广告为他每年带来了700万美元的销售额。这次的广告经历让我受益匪浅，它教会了我很多消费行为中的人性道理。

不要以为卖出去第一单就万事大吉了。寄给顾客的商品目录造价贵，成功吸收一位顾客的成本高，而且顾客不按期偿还欠款的情况也大量存在，所以这种方法能否盈利主要取决于你的大多数顾客是否诚实守信。对于诚信的顾客，要加大与他们的交易来往。在邮件中夹入一些小报和简讯作为额外回馈，一旦他们结清了余款，就要试图卖给他们更多的产品，还要让他们将你的产品推荐给其他人。

某天，我去拜访这家公司，发现它家隔壁建了一座新大楼。一经询问才知道它属于一家女士服装公司。他们的付款方式与我们的一样，也是邮购分期。当时我就对公司负责人说："为什么你会让这样一家公司出现在你的周围？为什么你不销售他们的产品呢？"

这件事让我们有了打造一家类似公司的念头，我让他们给它取了一个女性的名字。挑选了一位有能力的中年妇女作为代言人，在每个广告上都印上她的照片，并附上她的亲笔签名，以此来吸引更多的女性。

这些广告不讲分期付款，它们只为顾客提供信贷服务。主要的销售对象是那些渴望表现最佳一面的年轻女性。它们在宣传中指出衣着在女性生活中的意义，然后这位代言人就会适时伸出援手，为她们提供六个月的信贷购买春季衣服。

这些帮助不是施舍，而是恭维，它体现的是一种怜悯和理解。我们满足了她们显而易见的渴求。事实上，我们销售的衣服和隔壁那家公司出售的一模一样，但是我们对待客户的态度却完全不同。我们6个月的信贷服务和他们提供给贵妇们30天的信贷服务一样好。

结果，我们一开始经营就占据了这个行业的主要市场。没过多久，我们旁边的那家公司就关门了。冷漠的营销方法比不过我们营造的暖心氛围，也给不了女士之间平等相待的这种恩惠。

表现手法稍作改变就为我们创造了一个前景巨大的新业务。这项业务也极大地带动了我们家居用品的销售。

成千上万的女士纷纷前来购买我们的产品。大多数顾客都能按时付款，因此都建立起了良好的信用记录。家居用品公司的总裁会给这些顾客写一封信，大致内容如下：

"今天我遇见了某女士，她曾用信贷付款的方式向您推销产品，而您也按照规定付清了余款，您是她的信用客户也是她最重要的顾客，您任何时候出现在她的店里都会受到欢迎。

"我也想为您提供同样品质的服务。我们是一家家居用品的经销商，待会儿我会把产品目录给您邮寄过来。目录条款要求所有顾客提前付款，但是我们愿意为您开辟特权。鉴于某女士对您的褒奖，您想买商品，不需要提前付款，我们都会为您寄过来。所以不要附带现金，直接邮寄过来您的订单吧。若您喜欢我们的产品，可以一周之内再付全款。好好享受产品带给您的乐趣。"

很少有人会拒绝这样的服务。这些信贷买衣的女性对他是否能落实他的服务还心有顾忌，她们难以相信陌生人会如此信任她们。这时，如果有一个家居用品公司的总裁写信告诉她们，因为衣服制造商对她们赞赏有加，所以他为她们每人都开通了信用账户。她们享受特权，可以不用提前付款。任何受到这样恭维的女士都会想找个机会享受他的服务。

那位衣服销售商也做同样的事情。她给购买家居用品的客户写了封相似的信件，告诉他们她在她的服装店里为每个人都开通了信用账户，不需要付费就可以下订单，商品目录里的衣服都可以任君挑选。大批的家居用品客户从这家店购买女装，只因为有位女士言辞礼貌地给他们写过一封信。

我们先在男士服装产业里开辟了相似的业务，通过吸收另一个行业的消费者成为我们的客户，我们的销售额开始不断攀升。任何只经营一项业务的人都无法与我们这样的联合销售相抗衡。

这些都是广告的衍生物，广告的原则和个人推销的原则无异。商店通过打折活动吸引消费者，目的就是更好地卖出其他商品。使用正确的营销方法，就能达到这样的效果。广告策划人永远要记住，他就是推销员，他卖出去的越多，生意也就越好。

还有一些邮购广告经验则揭示了另外一个道理。我曾经为一家服装公司做过一次广告，这家公司30年来一直使用信用付款的邮购方式销售童装和女装。这个行业利润丰厚，有些公司的年销售额已达上百万美元。但是它的从业者也很多，市场趋于饱和。

所有公司都会提供精美的商品目录。除了部分商品保持原价外，有些广告还会推出一些特价商品，目的就是吸引顾客写信来索要他们的商品目录。但是一般索要商品目录的女士同时还会向其他公司索要三四份。

那么问题就来了，怎样做才能让顾客只买你家目录上的产品而不买其他家的呢？

假设成功让一位女士索求你商品目录需要的成本是 25 美分，如果带有彩色图片，最少要花 35 美分。那么你在每位索求者身上投入的资本是 60 美分，而最终的盈利取决于你每份目录成交额的大小。

通常拿到一家公司商品目录的女士还会向三四家公司索要商品目录，在她面前约有 4 家产品目录可供选择。它们各有特色，最后她选哪个目录，很大程度是一种运气和她的喜好的结果。

我们必须认清这一点：你将目录寄送到她面前花去的成本也许只有 60 美分，但是如果 4 家公司都把目录寄给了她，总成本就是 2.4 美元。按照之前经验，每位顾客的平均消费水平大约是 10 美元，所以为了一单，几家公司付出的总成本就大约占到总销售额的四分之一。

想要获得更多的利润就要改变现有的营销方法，这也正是这家服装公司找我设计广告的原因。

对此，我制定了下面这个方案：当有一位女士写信索求商品目录时，我会先去查看我们的用户文件，看她是一位新客户还是一位老客户。如果是名新客户，销售经理就会这样回复她："我们非常高兴能够收到您的询函，欢迎您成为我们的新客户。为了以实际行动表示我们的欢迎，我们在信件里附上了一张卡片，它会告诉您购买产品的方法。如有幸获得您的惠顾，我们会随产品附赠一份礼物以表谢意。礼物详情恕不能相告，但我相信您一定会喜欢。"

如果是一名老客户，回信的内容就会这样："非常荣幸能再次收到您的询函，我们公司的成功离不开常年陪伴在我们左右的顾客的支持。获取新顾客需要消耗我们大笔资金，但是老顾客却帮我们省去了很多开支。所以我想送给您一件礼物以感谢您一直以来的支持。当您寄来订单的时候，请附上这张卡片。我们的工作人员收到后会把您的订单转交给我，我会在回复中附上小礼物以表感谢。"

最后结果如何呢？来索求这个商品目录的新老顾客都会收到这张卡片，卡片上没有提到任何关于礼物的内容，因为好奇心比文字描述更有吸引力。每个来函者都会收到卡片，只要他在这家店购买产品，寄回这张卡片他就可以换得礼物，所以，他一定会尽量从那家公司的商品目录选购产品。这样，每份产品目录的收益也就大幅提高了。

同时我们也要注意，这些赠送的礼物不能让顾客失望，它必须是顾客想要的东西。只要这些礼物能为每份目录带来双倍的收益，任何价格合理的礼物都没问题。双倍的收益意味着广告利润的成倍增长。

所有这些出现的问题都要靠广告撰写人来处理。他设计的广告也许十分吸引人，获得众人大肆褒奖。但如果这些广告不能为他创造利益，他很快就会被淘汰。他也许能将顾客询函的成本降到最低，但是如果目录产品卖不过他的竞争对手，他还是起不到相应的作用。商业旨在挣钱，能促进收益的广告人将有无限的发展潜能。即使一个广告人拥有最卓越的广告方案，只要他的广告赔了钱，他就得卷铺盖走人。

上面的经历还让我想到了另一个案例。当时有 6 家大型公司经营女装，他们的主要目的就是向顾客证明他们的产品售价比其他公司的都要低。

所以他们大打低价的噱头，同时还推出了最低价格保证，承诺如果顾客在别的商店发现了更便宜的产品，就退还全款。

有段时间，所有商家全部在漫天宣传低价产品。类似的宣传口号，毫无二致的销售方法，每个商家都没捞到好处，所有广告都没起到作用。

他们向我寻求帮助。通过研究他们给我的数据，我找到了一个更有吸引力的广告语。在查看了他们近年来的销售业绩后，发现他们每年的平均利润率不到 3%。所以我在广告中就直接提到了这个 3% 的利润率，并承诺产品的收益绝对不会超过它。这样做是因为一来我们对这个利润率还比较满意，二来我们大多数的产品确实也是在这个基础上定价的。

我负责服务的这家公司是业界资历最老、规模最大的邮购公司，只盈利 3% 的售价对它而言肯定已经非常接近最低价了，再低一点的价格甚至都有点不切实际。所以尽管其他商家还在标榜着最低价承诺，但是其实大家已经默认我们提供的报价是底价了。

这个案例也可以从侧面反映实际数据在宣传中的重要性。仅仅依靠口号做宣传，收到的效果常常大打折扣。即使你广告打着的是"史上最低价"的口号，也不会有人对它多看一眼，因为说这样话的商家太多了。但是如果转换一下，你说我售价的纯利润只有 3%，那么很多人就会相信你。因为他们觉得你很难对着准确的数据说谎，而且较好的公众媒体也不会允许谎言的存在。

这些是我提高邮购广告销售额的一些方法，它们带给我的直接意义不大。从广告商的角度看，在邮购广告上投入精力是不划算的。但是它总是提醒着我这样一个道理，那就是所有的广告都是在邮购广告的规律上建立起来的。我们的每笔交易都必须有利可图，我们的产品销售额都必须高过竞争对手，这样我们才能获得商业成功。任何广告人如果使用其他歪门邪道都注定会失败。

⑯ 消费者的反应才是唯一有价值的

为了给我的后来者提供一些借鉴，现在让我来总结一下我成功的原因。这里所说的成功是指我在大型广告公司发展过程中所做出的贡献。直到现在，这些公司很多都依然昌盛繁荣。这点是所有广告从业者都希望做到的。

在广告业我们需要满足 3 种对象的需求，它们互相联系又各有不同。第一个是付给我们佣金的出版商，他一般按广告费总额的 15% 给代理公司支付佣金。他希望花出的每一笔钱都能物有所值，所以我们能为他提供的最好服务就是发展新的广告商机。他想要我们通过启动新项目或者改进旧项目来增加广告的总发行量。

出版商知道我能为他们制作出满意的广告。我创作过第一份汽车广告。在本领域我还做了许多开创性的工作，包括为查尔姆斯公司、哈德森公司和大切诺基公司撰写第一份广告等。出版商将我视为广告发展的领军人，历史上第一条重要的轮胎广告就是由我为固特异无内胎轮胎设计的。它的惊人成功向所有轮胎制造商说明了轮胎行业需要广告。

在"百普素登"进驻市场以前，牙膏广告一直都默默无闻。"百普素登"广告的迅速成功成就了广告行业的一大奇迹。现在，每年都有好几百万的资金投入到牙膏的宣传当中。毫无疑问，"膨化小麦"和"爆米花"也极大地刺激了谷物广告的发展，而"棕榄香皂"的巨大成功则带动了更多的香皂广告。

在我帮助报纸杂志发展业务的时候，我也得到了不少出版商的帮助。他们为我提供了很多难得的机会，只因为他们相信我的广告方案会帮他们赚更多的钱。

我们的第二个服务对象是广告代理商。他们大多数收益颇丰的业务都是从一个个的小生意慢慢发展起来的，我接手的基本是这类业务。它们的成败取决于它们广告机会的多少。广告中的一个小错误就可能会毁掉它所有的美好前景。原本大有可为的产品，如果广告策划平庸，它的收益可能就要大幅缩水。这就是为什么广告公司愿意给有实力的广告写手那么高收入的原因。

以我为例，最开始我是为洛德暨托马斯公司效力，他们付给我的薪水是每周1000美元。但是不久后我们都同意改为按策划的质量发薪水，所以只有当我设计的广告有收益时他们才会付我工资。另一方面，我只拿我应得的。在这种情况下，我一年所赚的薪水就已高达18.5万美元。没有助理也没有秘书，全靠着一台打字机我完成了所有工作，而且大部分工作还都是在我家附近的树林里完成的。此外，我还能从曾经帮助过我的公司那里得到一些好处，有一些还是免费的。

我的佣金不断增长，后来它占了整个公司佣金的三分之一。拉斯科先生在我和他共事的几年里一直坚持让我自己起草劳务合同。他有时看都不看就直接签名，因为他相信我会按原则办事。但是这样自然也导致了另一个结果，如果有些事务其他人可以解决，他们就都不会交给我接管。我的大部分业务都是从很小的试销宣传开始慢慢发展起来的。

但是我不愿意只为满足自己的需求而工作。所以我竭尽全力指导公司其他的广告撰稿员，组织很多场会议和他们讨论广告的原则。我做的这些都是无偿服务，分文不取。之后我还写了大量有关广告商原则的文章。

因为这些无偿奉献，拉斯科先生最终提拔我为洛德暨托马斯公司的总裁，兼任董事会主席。当他在华盛顿担任美国装运局局长，为哈丁总统效力的时候，我又继续连任了两年的公司总裁。这两年我用掉了很多钱，因为肩负责任，所以我不再收取公司佣金。作为总裁我没有工资，而且我还要花很多时间和新客户打交道。每天清晨，我会召开管理层会议解决他们遇到的问题。这两年我自己也没有再接其他业务，当然，我指的是收取报酬的业务。因为我不想听到别人说我是借用职位之便而拿的这些钱。这种做法直接导致了我的个人收入大幅缩水。但是拉斯科先生知道无论何时我都会把公司的利益放在个人利益之前，他毫无保留地相信我。有一次，为了对我所写的《科学的广告》以示补偿，他给了我一张 1 万美元的支票。

信心是我职业生涯里最重要的一个因素，它源于我的苏格兰血统。曾经有段时间，拉斯科先生任命我成为他的理事。之后，一次又一次，我拒绝了他多给的薪水。当我的合同工资达到公司总佣金的三分之一时，我拒绝收取那些我没有承担主要工作量的业务费用。我和拉斯科先生存在唯一分歧的问题，就是他总是想多给我点儿报酬。

我认为这种坚持绝对公平分配的态度是我最终获得成功的关键。处在巅峰时期的人也许会自视甚高，从而向公司索求更多的利益，但是这样的情况一般不会维持太久。商业的原则是挣钱，你的同僚们会设法清除任何要价过高的人。

第三个广告宣传的对象就是广告客户。我将他归为第三类是因为他们在我的广告概念里排到了第三位，服务好他们是服务好前面两个对象的前提。但是出版商付给我们报酬，广告代理商挑选我们然后给了我们工作。广告客户中的新手对我们满不在乎，那些换了一个又一个广告代理商的老手也成为不了有价值的客户。他们经历过失败，而多数时候失败难以改写，所以他们总是在不停地更换广告代理。

我最珍视的客户不是那些给我们丰厚报酬一掷千金的财主。我可以列出一长串这样的客户，满足他们的欲望简直难于登天。任何一个小有成就的广告代理人，如果妄想达成不可能之事，他就只能得到名誉不保的下场。

在我看来，最有价值的客户是能带来广告新机遇的那批人，他们的数目也不小。但是这些机遇所含有的试销宣传成本一定不能超过 5000 美元。代理手续费是 750 美元，即使广告团队足够优秀，开展一次试销宣传来回成本也很少能低于 2 万美元，因为项目负责人可能需要花上几周的时间来查阅资料和调查研究。

这种业务一般的风险都被广告代理商承担了。不论结果如何，广告客户通常都能把成本收回。真正的风险在代理商这边。

失败了，广告客户损失的只是皮毛，而代理商却需要付出惨重代价。成功了，广告客户带走百万利润，代理商拿走的只是广告费总额 15% 的佣金，这还必须是达到客户目标，客户同意了之后才能实现。所以面对一个让我制作试销宣传的客户，我体会不到自己对他的使命感和责任感，我的策划就是投机猜想。

这也是为什么我把广告客户放在类别最后的原因了。但是广告的成功还依赖于其他因素。我们对出版商负有义务，因为他们付我们佣金，我们对广告代理商负有义务，因为他们赐予了我们机会。我们对广告客户承担的责任最少，然而所有事都由他们说了算。

广告的成功取决于这三个方面，这三种需求必须同时得到满足。他们共同的目的都是获取利益，所以取悦他们的唯一办法就是改良你的广告策划让其创造更多利润。

我全心全意为我的客户服务，因为他的成功代表的也必定是我和团队的成功。我可以对之前的不满置于脑后，专心致志地工作。那些受到重创，损失惨重的客户将会永远痛恨斥责广告。而且很多时候这种失败是不可避免的。所以在确保能获得收益之前，我绝不会让投机者扩大广告宣传。这样，即使他失败了，只会是产品或者环境的问题，而不会是广告的失策。他面临的损失极小甚至为零，如果他成功了，广告会为他带来几百万的收益。

在这种情况下，我怎么还可能获得如此多的成功呢？仅仅因为我所犯的很多都是小错误，而且从每个错误中我都悟出了道理，所以同样的错误我绝不会犯第二次。每隔一段时间我自己就会总结一些不错的广告原则，即使在时间的长河里，它们依旧历久弥新。

拉斯科先生是位精明智慧的商人，他总是将我的成功归因于我简单的生活圈子。他总是想让我回到创作这本书的树林里办公。而且我也按照他的要求，这样坚持做了 20 年。在这里和我交谈最多的人就是我的园丁、他的家人和附近的村民。所以我知道他们想买什么以及想买的原因。这些原因会让那些只从高尔夫俱乐部里寻求灵感的广告人大吃一惊。

很少有人在购物的时候考虑经济问题。我们常常听说一些富翁以他们的节俭为荣，而不会以此为耻。但是很多真正需要精打细算的人，他们却抵触这么做。当售价 15 美元的丝绸衬衫在工人阶级普及之后，其他人就会选用府绸做成的高级衬衫。每个女店员都会要求丝绸长袜。以我在化妆品行业的经验，那些廉价的香水或者类似的产品对那些手头不宽裕的女孩没有丝毫吸引力，她们需要的是上层人士使用的香水。

我周围的许多人，从事着一份薪水微薄的工作，买起东西来却很少考虑价格。我的一位清洁女工，不但每天开着自己的私家车上下班，而且她还有收集古董的癖好，入手了很多上好珍贵的古董。如果她愿意卖的话，我们都乐意从她那里收购古董。

在我们乡村工作的那些村民是我见过自尊心最强的人。向他们推荐一件便宜的商品他们就会感到很反感，因为你伤了他们的自尊心。只有价格昂贵的产品才能得到他们的追捧。

我们产品 95% 的消费者都是这些人，和他们接触让我感慨良多，受益匪浅。上述只是我所获心得的一点感悟，美国还是一个平等的国度。每个我设计撰写的广告都是为了满足这个大群体中某些人的需求。我不会征询公司经理或者董事会的意见，他们的观点总是反映不了事实。我会寻求附近村民的看法，他们代表着美国大多数人的观点。他们是我们产品的消费者，只有他们的反映才有价值。

　　还有另一个行业，他们的市场业绩也非常好，凯迪拉克汽车的广告就是一个代表。低收入阶层的人完全被杜绝在消费群体之外。但是这些广告领域都不具有代表性。我的工作重心只限定在普通大众和他们会购买的产品上。

⑰ 广告是你产品的推销员

因为我曾经写过的一本书，我的名字从此就和"科学的广告"有了联系。"科学的广告"是一种基于固有原则并遵循基本规律运行的广告。36 年的追踪广告经验，几百种不同行业广告的经历以及几百种广告方案最终收益的对比，让我真正掌握了这些原则。从我第一次发出上千封信函以来，我的广告方案每年都会收到 500 万美元的投资，所以我不得不考虑成本和收益的问题。这些丰富的经历也让我有机会发现了很多本质和规律，这些规律原则应该在日后的广告实践中一以贯之地执行。

对于大多数的广告理论，我都很不屑一顾，因为它们只是有限经验和特殊情况下的产物，正确与否还有待考究。虽然有些广告方法根本就不能达到预期效果，但是它们宣传的产品还是获得了成功，这是因为产品本身的成功，和这个广告其实没有任何关系。也许没有广告的帮助，这个产品依然会有这么好的业绩。很多不做广告的产品也颇为成功，其原因可能是人们很快在产品中找到了他们想要的特质，或者是因为经销商将它作为了主打产品，或者是因为它有个美好寓意的名字。

"麦乳"就是这样的例子，这个名字本身就有含义。"薄荷口香糖"也是如此。幸运的名字让一个个口香糖厂商取得了成功。这些名字已经透露了产品绝大部分的信息，广告几乎可以不用再述说什么，产品之间也没有太大的区别。那些靠着一个好名字成功的商人，如果换用了其他名字，可能会一次次地碰壁。

任何单纯根据经验得到的结论必定会让人走入歧途，也很不适用。只有那些清楚了解广告带来的效果，那些对比不同情况下几千个方案盈利结果的人，才能得到真正安全的广告原则。邮购广告为我们提供了最精准的依据，其实大多数的广告都可以参考邮购广告来设计，然后取得不错的结果。

想要得到科学的广告，你就必须将你的广告视为一名推销员，然后用推销员的标准，一个个进行比较，并且检查他们的成本和收益。盲目的宣传不仅没有意义，而且还可能带来危险。

我在这本书里讲到了一些我们追踪广告效果的方法。但是我们发现有些行业里通行的手段换到了另一个领域就不适用了。一些我们认为收益不错的方法，最终它的效用还不及其他方法效益的四分之一。所以，无论广告原则如何，我们都要不断实践。但是对于那些被人普遍接受，得到业界证实的基本规律，它们结果明确，任何一个聪明人都不会放过学习和运用它们的机会。在这一章里，我只想专门介绍这些规律。

华丽的辞藻和优美的文笔在广告中并不受用。风格独特的广告策划会夺走原本属于产品的注意力，任何刻意的推销都会招致人们相应的抵触。言之凿凿的话语反而会引起人们对于过度宣传的恐惧。任何一个超出产品性能和服务之外别有用意的宣传都是致命的失败。

广告应该自然而简单，用词目的不应太明显。应该知道，吸引顾客就似钓鱼，钓鱼的时候不要显露了你的鱼钩。

不要吹嘘自己，你是在销售商品而不是推销你自己。目的明确，开门见山，语言尽可能简练。每句话都要让你的顾客感受到你的诚意。

自始至终宣传产品，它是你销售的对象，也是你所有客户关注的所在。以你的产品为中心，斟酌你的用词。不要在别的东西上面浪费版面和时间，我看到很多因为一句话说得不对就被毁了的广告。通常自私之话，别有用心的话，都会让人反感。比如像"认准该品牌""谨防假冒""小心假冒"这类的口号非但不起作用，它们的不纯动机也让它们得不到消费者的垂青。

心无旁骛，胸无杂念。在你脑海中构思出一位顾客，他被你的产品所吸引。在想着这位客户的同时，绞尽脑汁思考任何有助于提高你产品形象的词语。只说出那些你认为在面对顾客的时候，一位优秀推销员应该说的话。如果你在面对面的个人推销中能将产品卖出去，那你在广告中也可以将产品卖出去。

不要大吹大擂。不要吹嘘你自己的公司或者你的产品，也不要吹嘘那些你感兴趣但顾客不怎么关心的特点。吹嘘令人厌恶。

着眼于行动。你的读者在浏览一份杂志或者报纸的时候，会停下来浏览你的广告，是因为你的产品或者标题吸引了他。但是很快他又会被其他内容吸引，然后将你的广告抛诸脑后。所以在他们专心阅读你的广告的时候，你就应该督促这些"上钩的人"立即采取行动。优惠券就是我们一个常用的方法，读者会把它剪下来。虽然他们还是会继续阅读报纸，但是裁下的优惠券会提醒他们已经做出的决定。女士可能会把它放在桌上，男士可能会把它装在衬衣口袋里。然后等到时机成熟，优惠券就转化成了行动。人们可以通过邮寄优惠券，来换取一份样品或者更多产品的详细资料。于是你又有了一个发展客户的机会。

无数的测试显示优惠券会带来更多的盈利，我见过很多邮购商对商品目录的测试。有些广告有优惠券，有些没有，得到的收益差距相当大。

人都有拖延的惰性，延迟行动然后直至忘得一干二净。许多公司就因为这样的原因失去了大批买主，损失惨重。

也有其他的方式可以促使顾客消费，限时销售就是这一类。商店只在某一天或某一个时间段对顾客开放，每款产品限量销售。这些对促使及时行动、避开拖延症的策略总是能起到重要的作用。

广告不需要奢华和幽默，因为购物消费是一件严肃的事。除了娱乐广告外，其他广告皆是如此。金钱代表着生活和工作的质量，在人类社会，它们有重要意义。对人们而言，选择了一个产品就意味着放弃了另一个产品。所以人们的消费通常目的明确。他们想要最大价值，他们想要以同样的价格，买到更有价值的商品。

不要轻视这些道理，真正了解顾客的广告文案作者都会引以为重。金钱来之不易，需要付出时间精力。没有多少人钱多得花不完，人们总是在多种消费选择中权衡。以轻佻的态度对待金钱，你就永远得不到它。"愉快吉姆"如此，"纯洁小城"亦是如此。依靠轻佻的噱头是不可能获得持久成功的。人们才不会在小丑那里买东西。

不要尝试娱乐大众，这不是你广告的目的。如果要找消遣，人们会直接看娱乐新闻，你可以提供的唯一乐趣就是宣传他们想要的商品。

不要想着和小说或者新闻栏目竞争，不要采用属于它们版面的图片或者卡通。这样做，你也许能赢得读者注意力，但是这些对注意力于你而言都没有价值。用这种方法吸引到的读者多半只是喜欢你的广告而非你的产品。

广告栏目和阅读材料都有它们各自的职责。你不可能通过模仿来愚弄大众，即使可以也不要这么做。如果广告吸引到的只是对你产品无感的读者，这对你又有什么好处呢？所有值得做广告的产品，只要宣传方法正确，就会比那些故事有趣得多。它代表的是一种节俭经济，帮助和愉悦，这些也许要多年后才能显现。逗人一笑的效果转瞬即逝，你又何必为了博得瞬间的注意牺牲你强大的魅力呢？

广告意味着将个人销售术推广到几百万人，因为它作用范围广，所以它的收费也很贵。美国国内广告一般的费用是每字最低10美元。你必须在广告策划中考虑到这个问题，让每个字发挥最大的效应。避免重复和生硬，语言尽量保持自然。

推销员浪费时间重复无用之事，每小时带来的损失可能只是1美元。然而一则广告这样做，每个字造成的损失可就是 10 美元了。这些浪费的资源至关重要。盈利和亏损的广告，它们两者之间的差别通常都不是很大。如果成功很容易，那么广告行业就会人满为患了。成功多数来自高效，失败多数归结于浪费。

不要浪费空间，因为它们很昂贵。我们一般的阅读文字的大小是 8 磅。大多数的邮购广告商，因为会呈现一些比普通阅读材料更为有趣的东西，所以他们会选用 6 磅规格的文字。尽管如此，还是有无数广告商给他们的广告使用大号字体。我不明白其中缘由，很明显，最方便阅读的字体就是平时最普及的字体。任何与此不同的字体都会造成阅读困难。

广告商总是在努力争取读者关注。但是这些广告商，他们采用的是一厢情愿的要求而不是循循善诱的劝导，所以大号字体才会成为他们的一个策略。任何对结果有调查的人都能很快发现，这些大号的字体对广告本身毫无价值，而且双倍的空间还意味着双倍的成本，所有邮购广告和其他形式的追踪广告都证实了这一点。如果你的内容有趣，读者会愿意用常用的字体阅读。如果没趣，字体再怎么调整他们也不会看，即使看了，他们的阅读对你的销售也不会有帮助。

同样，有些广告商全部大写他们的广告标题，他们认为这样看起来会更醒目。但是我们日常大部分使用的是大小写共用的字体，我们已经习惯这样的形式。当我们看到全部大写的标题时，我们反而还要花些工夫琢磨一下。虽然这也许不是什么很大的缺陷，但是它总会带来不利的影响。既然如此，那我们为什么不采用惯例选用更加自然的字体呢？

接下来是关于广告美术的问题。人们倾向于在广告中插入图片，而且这种趋势在不断加强，已经到了很多广告商为了插入一幅图片就花费了 1500 美元甚至 4000 美元。

以我的试验广告经验来看，目前还没有哪个试验广告是能证明这些花费是划算的。同时我也没见过哪个案例是因为用了彩色图片，而收效比黑白图片更好。越来越多的广告人选用彩图，但是很少有人会去调查它们的收支比。

我也相信在某些行业，比如宣传水果、甜点这样的商品时，彩色图片也许会受用。但是我还没见过一个企业，它们是可以保证这些彩色照片带来的收益能超出成本的。对此我做了大量对比。曾经，有一个著名的广告期刊要大家为它提供彩色插图广告确实有利可图的证据。

这个问题还有待进一步的研究测试。目前还没有证据证明特别精致的美工和彩色插图对广告有裨益。如果它们在某些领域里确实有效，那这个结论是否可以延伸到其他领域呢？对此我深表怀疑。

即使放在个人营销上，这些优势也说不通。人们不会太过关注推销员的穿着，在我们看来，打扮得过于讲究反倒不好。广告营销也是如此。我从未发现有哪个包装精致的广告最后带来的收益是抵消了额外成本的，我也没有见过有谁这样做到了。我认为华丽的美工就如天花乱坠的话语，只会让人心生警惕和怀疑。

我从另一个经验得到的规律是，广告的内容应该一次性说完。人们不会阅读系列广告，今天获得他们关注的广告到了下一次可能就没这么幸运了。所以，在他们关注你广告的时候，你就应该将你的观点内容和盘托出。广告宣传的时候，我们发现了精彩的内容就会将它保留下来，那些没有亮点的内容则会被剔除。通过在标题上呈现不同的广告语，我们定位到这些内容。然后发现有些广告语吸引了很多人，而有些广告语的吸引力很小甚至为零。根据这些差异我们会相应地调整广告诉求。

每个人消费的动机皆不同，有些人出于这个原因，有些人则出于其他。但是所有重要的卖点都应该在每个广告中出现。否则，我们最有说服力的广告语就会与感兴趣的读者失之交臂。

读者们不会一次次重复看我们的广告。如果他被我们的产品吸引，他就会花一点时间浏览我们的广告。最终是说服他消费还是永远失去了他的兴趣，这取决于我们。如果我们没能诱人地呈现出他想要的产品，那他以后可能都不会再看我们的广告了。

所以不要放走属于我们的机会。任何卖点，只要它有不少人喜欢，都应该囊括在我们的广告之中。

广告的表达方法也有很多不同。有些让人眼前一亮，有些则平庸无奇。言过其实的广告语毫无价值。将某件商品描述成"全世界最好的"其实是没有效果的，这种广告语只是在表达一种期望。读者可能不会责怪广告商的夸大其词，但是他会减少对他们的信任，以后对于该广告商的任何宣传，他都会自动降低预期效果。

当我们说出类似"迄今最好的商品，没有之一""同类产品的至尊首选"这样的口号时，别人听后也许只会淡然一笑。这些广告语也许不会让顾客反感，但是我们所说的任何话语在他们的心中的效力都会大打折扣。

广告所说即事实这样的看法在人们的头脑中基本根深蒂固。他们知道在较好的媒体上，我们无法故意误导消费者。但是他们也认为言过其实的宣传不算是一种误导，因为它本来就不是。

从另一方面来说，当你援引实际数据和具体事实时，他们会全部接受。这些详细的陈述非真即假，而一般人们觉得声誉良好的名人或者公司都不会对他们说谎。

提供真实数据，讲明确凿事实。以钨丝灯为例，如果说它释放的光芒比其他的灯更明亮，人们对此不会留有太多印象。但如果你说钨丝灯的亮度是碳丝灯的3.3倍多，那么人们就会知道你将两者做了真实对比，进而相信你所说的每句话了。

凡事皆如此，模糊的表达留下的是模糊的印象，少有说服力，而明确详细的表达则会起到最大作用从而实现全部价值。读者需自己分辨广告上所说的是真是假，但是通常他们会默认广告上所说的属实。

杜绝负面宣传。总是展现产品迷人的一面而不是令人不快的一面。不要描述或者突出负面，你的读者他们已经受够了这样的遭遇。着力表现出在使用你的产品或者方法之后，他们会经历的蜕变吧。

幸福、平安、美丽和知足是人们一直以来的追求，你应该向你的读者展示这一方面的内容。描绘笑脸而不是愁容，告诉他们采用正确方法后的成功而不是运用错误方法后的失败。比如，没有一个牙膏制造厂商会因为使用了肮脏牙齿、蛀牙或者牙龈发炎的广告图片而让顾客印象深刻的。展示美好迷人的一面才能一举成功。

所有的广告经验都表明人们不太愿意把精力放在问题的预防上，也不太会未雨绸缪，他们更愿意竭尽全力来解决已有问题。但是这一点不适用于广告业。广告全部都在寻找优点，改进产品，探索新方式以期满足需求，而不是预测灾难。那些反其道而行的广告数量太少，对此我们可以不作考虑。

一些产品的广告成本过大，广告价值不高，这样的产品切记要远离，不然只能落得败兴而归的下场。这些产品主要是：软膏、杀菌剂、哮喘及花粉热治疗设备和风湿病擦剂。

消费这些用品的只是小众群体。在媒体上大范围发行这些广告的代价过高，成本几十年也收不回来。还有一些产品，厂家留住顾客的成本要在几年后才可能慢慢赚回，因为它们重复购买周期过长。

即使这些产品很多都是家家户户必备的，出现这种现象还是可以理解的。虽然很多家庭需要它们，但是这些产品一件通常可以用上好几个月甚至是好几年。获得一位顾客的成本比卖出一件产品的利润大多了。更多的销量和利益长期推后，在下一次重复购买潮出现之前，厂商和广告人都得经历漫长的低谷期。

生活也总是会出现这样的事情。你呕心沥血做出来的产品最后发现只迎合了 1% 人的需求，你等到资金枯竭和耐心消磨殆尽才遇到一个新的转机。我看到太多能力超群的人因为选择了经营这些产品而最后意志消沉。

另一个需要弄懂的问题是什么样的标题最有号召力。很多时候，我只是简单地修改了一下标题，广告的效果就立马翻了八九倍。

标题是对你目标客户的一种致意。这好比酒店的门童呼喊琼斯先生，是为了给他传达信息。或者是像新闻报道的标题是为了告诉人们新闻的主旨大意一样。我们所有人都需要借助标题了解我们想要阅读的内容。

考虑普通读者的想法。假设现在在你面前放着成堆的资料，想全部读完可能需要几百个小时，但是你不会这么做，你会根据标题来选择自己的阅读内容。阅读广告也是同样的道理。

我们必须找到最有吸引力的广告卖点。通过针对性试验或者标题比较的方法，就可以定位到这些广告诉求。我们发现有一种标题只对我们 25% 的顾客有作用，另一个标题则对 50% 的顾客有诉求。我们必须根据这些结果相应地利用好它们。

使用其他的方法可能会导致巨大的浪费，而检测广告收益就能很快发现这些隐患。任何行业里面的优秀广告的内容都不会有太大区别。广告完整性是它们的必备要素，但完整性又常常意味着相似性。所以标题是它们最大的不同。有些标题吸引的读者人数是另一个标题人数的 10 倍之多。如果我们想让自己的标题受到更多读者的关注，那我们就有必要找到其中的缘由。

有些推销让人备受恭维，有些推销则让人备感难堪；有些广告语满口皆私利，有些广告语则立命为服务；有些广告是在销售产品，有些广告则是在娱乐大众。以上种种都会左右读者的态度，影响他们的选择。

但是心理影响起到的作用更大。它涉及尊严以及个性，你必须知道怎样针对这些欲望来满足人们的需求。这些方法都很难被传授，它们来自善良的本能，来自爱与理解以及取悦他人和满足他人需求的渴望。和顾客想法不一致的广告人是不可能体会并传授它们的。

我认为最能学到东西的方法是挨家挨户地兜售。很多优秀的广告文案写手会拿出一半的时间从事个人推销。通过与顾客的直接接触，他们了解了顾客的喜恶。然后在撰写广告语的时候，将这些发现运用在广告之中。

策划广告的时候，这些因素全部都要被考虑到，它们是广告的基石。假如事实不是这样，那么任何一位写得一手好信的人都能成为优秀的广告文案写手。假如与主题无关的平庸广告还能将产品卖个好价钱，那么所有真才实学的广告写手都将会没有容身之所。

但是这些事情只不过是一些臆想。广告行业竞争激烈，每则广告都有无数的卖点，每一分努力的背后都是无尽的付出。要想脱颖而出并占有一席之地，你必须使用比别人更好的策略和技巧，必须拥有比对手更多的知识、更多的根据和更为敏锐的嗅觉。达到这样的境界的唯一方法就是开始借用固有规律，它们是几十年从业经验的结晶，是你永远不会背离的准则。

⑱ 很多广告的失败源于不停地推销

那一年，我以信函的方式，在毛毯清洁器的销售上获得了事业生涯中的首次成功。圣诞节前夕，比塞尔先生，这家公司的总裁，把我叫到了他的办公室对我说："我想给你一些建议。你身上有很多成功的特质，其中一个就是你的销售直觉。但是你在我这里工作未免有些太屈才。你应该像我一样，独立门户，开创一番属于自己的事业。"

然后他给我讲了他自己的故事 —— 关于他是如何排除万难，拒绝别人开出的高薪和稳定的工作条件独自奋斗，以及他在致富之路上最终是如何获得成功的。

他最后对我说："我很自私地想把你留在这里。如果你愿意留下，你明年的收入会比现在高很多。但是我也很真诚地建议你离开，不要让别人压榨了你的劳力和你的才能。"

我的苏格兰固有的保守个性最终还是让我选择留了下来，这是我犯的一个巨大失误。不久后我结婚，我的冒险精神变得越来越弱，想要开创一番自己的事业变得越来越难。于是，我把自己陷入了一辈子为别人打工的人生境地之中。

我看到以前的一些同事在打拼自己的事业，他们很多从事的就是我以前指导过他们的行业。弗莱德·马西以邮购的方式销售家具。几个月后，他设立了一个90人的办事处来处理他不断扩大的业务。然后他成立了弗莱德·马西公司，一直营运至今。A.W.肖从修建办公室系统起家，之后他创立了《系统》杂志，并取得了巨大的成功。我的室友，E.H.斯塔福德放弃了他原有的工作，一门心思全花在了教育用品的生产上，最后他建立了以自己名字命名的斯塔福德公司。即使到现在我还依然认为当时的我除了勇气，其他的能力都不比他们逊色。我为别人打工所创造的价值比他们的还要多。但是我还是很羡慕他们的自立精神，这是我35年以来一直为之努力的东西。

我帮助过很多人取得了财富和地位。他们大多是白手起家，几乎没有起步资金，所以运营的每份广告都必须带来收益。这是商业贸易的主要因素，而且常常也是成功的唯一途径。这一点在大多数的邮购广告中体现得淋漓尽致，在其他行业中也得到了应验。快餐食品、牙膏、药品、肥皂或者清洁剂等产品，它们的制作加工都不难。刚开始的时候，公司一般都会请雇员来生产。推销员可以帮助宣传但是作用不大，所以厂商一般不会雇请他们。所有的一切都需要广告服务。

我在前面已经提到过在推广前期如何小范围检测这些产品。试销宣传中，广告人做了90%的工作，品牌持有人承担的风险几近于无。如果试销失败了，广告人是最大的受害者，他损失的是他的时间、精力和心血。如果试销成功，广告扩大宣传，广告人拿到的只是广告委托金，真正的利润都到了客户的手里。因为广告人是匿名的缘故，他们甚至连应有的名分都得不到。

随着生意越做越大，广告雇主收获的名利不断增加，广告人的重要性却越来越低。业务有了势头，获得了动力。这个时候甚至连一个资历平平的广告人都可以维持它的增长。如果没有开始的成功，这一切都是不可能的。

广告人固守于自己一手创造的方案，害怕改变。实际上，不改变其实是明智的。能获得几百万顾客的方案一般也是赢得新顾客的最佳方案。但是对于那些看过每个广告的读者来说，这些广告就未免有些过于千篇一律了，他们总是会期待一些新鲜的东西。所以对于那些制作过带来庞大销售额的广告写手们，他们清楚地知道早晚有一天会失去读者。想要保持现有业务量和收入，他们必须开始新的冒险。

渐渐地，我开始将精力专注于食品、专卖药品以及其他消费者会反复购买的商品上，因为它们有大量的广告机会。"一次买卖"的产品并不是很诱人，这一笔交易决定了它的所有利益。这类产品的顾客数量往往也不多。广告人大部分利益来自那些几乎每家每户都会消费，而且必须一直推广的产品。比如，母亲们会教孩子食用从来都不会过时的健康食品。

但是这些产品也需要改善，这个改善的过程进展慢、耗时长。广告人承担着主要的工作和责任。但是如果他只是为别人打工，即使像我一样做了35年，他也得不到应有的回报。而且就工作性质而言，他很少能长时间成为关键人物。

我常常设想如果当时把我的委托金投到我扶植的企业股票上，我现在又会怎么样？这些投资最后会变成几百万。我没这样做的真正原因是我对自己没有足够的信心。我假装对商业主义不在乎，认为我的广告应该有更高的追求。所以这么多年来，我眼睁睁地看着别人赚得盆满钵满而自己只获得了一星半点的名誉。

是我有抱负的妻子将我从萎靡不振中解救了出来。她认为金钱比名誉更重要，而且她指出我的老板们总是占了金钱上的好处。

最终我接受了她的意见，在为他人卖命多年之后我开始为自己工作了。通过分享我广告产品所获的利润，我现在赚取了比我曾经打工时佣金多得多的财富。

"百普素登"牙膏是我第一批投资的企业之一。我买了他们1.3万美元的股份，分红的时候他们给了我20万美元，然后我把自己持有的股票卖了50万美元。

处在我这个年纪的人大多数都准备退休了，但我依然决定去做21岁的时候比塞尔先生建议我做的事，为自己工作，开创自己的公司，然后和它荣辱与共。

我脑子里有很多想法，我最先选择的是化妆品行业。我有过这方面的数据研究，知道女士每年会花 7 亿美元购置化妆品，这比她们花在其他广告行业产品的总和都要多。我准备做一款化妆品，但是我缺乏方法。这个行业过于饱和。一些知名化妆品经销商的货架上有几千种产品在出售，每星期还会有大量新厂商加入到市场的瓜分阵营当中。没有哪家公司占有显著优势。当一位女士看中某款化妆品，前去商店准备买时，她会遭到一群导购的狂轰滥炸，忙着为她推销其他商品。

我派人去巴黎和维也纳，试图寻找一些独一无二能给我带来竞争优势的东西，但是最后一无所获，所以我决定放弃这个行业。

那时恰逢艾德娜·华莱士·霍珀在芝加哥出席会议，一天早上，曼德尔兄弟公司在报纸上宣布，霍珀女士会在当天下午出现在他们四楼的美容部。我派了一个人前去查看情况，她发现整个楼层都被围得水泄不通，其他部门不得不把他们的场地借用出来，以容纳大批为了一睹霍珀女士尊容而聚集的人群。

霍珀女士已经到了做奶奶的年纪，大部分上了年纪的女士都见过她风华正茂时的样子。那已经是 19 世纪 90 年代的事了。现在，她还依然保持着 19 岁少女的模样，她的发型、身材和娇俏的面容像个刚入社交界的女子。毋庸置疑，每个女人都急切想知道她保持年轻和美丽的秘诀。

曼德尔公司的经理建议她来拜访我。他对她说："你应该好好利用你的名气，传授其他女士你曾经使用过的方法。"

第二天，霍珀女士就找到了我，带来了无数有关她的报道以及很多她自己永葆青春的心得。

就在那一天，我找到我产品的理论方法。她是一位被美国人民谈论得最多的女士。35 年前她是一位有名的美人，她将这份美丽一直延续至今，她手上还有她找遍全世界搜集到的美丽秘方。

我和她签订了协议。她将授予我她的配方、姓名使用权和她的知名度。我将通过这些配方为其他女士准备产品，这些产品和她之前使用的一模一样。为了获取这些配方，她花了不少钱。她是证明美容保养品用处最显著的鲜活例子。通过这些产品，我们建立了庞大的化妆品业务。

我们没有雇用一个销售员，也没有要求任何一家经销商购买我们的产品，而是将所有人力物力都放在了顾客身上。我们努力培养女性对于霍珀女士已有研究的敬意，然后这些女士就会说服经销商向我们进货，然后给她们提供这些产品。

很多制造商一开始就想让自己产品的销量提高 2 至 3 倍。他们想将产品卖给批发商，而现在批发商要求的折扣大约为 20%。除了完成我们带来的订单，批发商对于我们而言没有一点帮助，还会向我们大倒苦水，说他为了维持经营用了多少钱，其实这些钱主要是花在了和他的竞争对手争夺业务上面。批发商想让我们支付那部分钱以示补偿，但是这些努力跟我们一点关系都没有，因为经销商也在我们这里进货。所以我们根本就不需要批发商的帮助。

零售商试着从每位新的投资者那里拿到最大利益。如果你派个推销员过去宣传产品，他一定会向你讨要一些好处，比如 10 件产品有一件免费或者其他一些额外利润。

任何这类妥协和让步都是障碍，让你后患无穷。你所有的成功都取决于你的顾客。如果你的顾客需要你的产品，经销商就会开始进货。如果经销商想要这些产品，批发商就会为他们提供货源。

很多广告的失败来自生产商颠来倒去的推销产品。首先卖给批发商，他要求比例很高的分成，然后你又推销给零售商，他又会要求部分免单和多余的利润。其实，批发商也好，零售商也罢，他们的所有需求都以你对顾客的影响力而决定。

还有一点别忘了，批发商和零售商他们是有自己品牌的。他们不会将可以获得生意的机会直接转交给你的产品。他们不会想将控制权拱手让给你。如果它们能带动销售，他们就会先将自己品牌产品的销量翻四番。

这种现象表明广告客户最令人遗憾的一种境况。他们花钱吸引消费者，然后花钱雇推销员向批发商和零售商推销产品。他做出妥协提供好处，只是为了满足自己创造的市场需求。结果，一番花费下来，他没捞到什么钱，最后还要填补所有的费用。

如果按照这样做，你永远不会成功。这就像靠着超额经费想做生意的人一样。他支付开销，承担着风险，付出努力，最后还得不到收益。

今天艾德娜·华莱士·霍珀系列旗下有23款产品，每款都源自霍珀女士找到的一种配方。当一个女士用过一款之后，她还会想继续将剩下的产品都用一遍。霍珀女士的支持者也是她产品的支持者。我们这些化妆品每单的平均成本是1.78美元，与之相比，牙膏的平均成本是50美分，剃须膏的成本是35美分，肥皂的成本是10美分。广告产品所带来的利润永远无法抵消成本。但是它们可以带动其他产品的销售，很多行业都有这样的情况。绝大部分的利润来自其他附加产品的盈利。

这是我在新方法下开创的众多事业之一。有些产品会失败，但是这些失败带给我的损失都不大。如果我为别人打工造成了同样失败，他们面临的也是同样的损失。但是一旦成功我就能收获百万盈利。

所以这就是我的未来。不再为一份一时的收入就将自己锁在为别人建功立业的工作中，我开始为我自己开拓一些前景可观的事业。过去，我指导过很多业务，它们收益喜人。如果我现在自己的事业能有一个像我以前那样成功，那么它带给我的收益将要远高于我过去广告策划获得的报酬。

我也清楚地知道，这些建议并不适用于所有人。资历一般的人还是应该在旁人的指引下工作。成功取决于很多品质，一般人拥有一些，但还是太少。

我也是在别人公司工作了几十年之后才创立了现在的事业。

希望那些有需要的人可以在我这里得到建议和指引。我已经努力指明了获得广告成功的唯一方法，这些方法会引导你走入不同的方向。究竟哪个会是最佳方向，还是由你自己决定吧。

⑲ 广告依赖于你对大众的关爱和了解

　　既然这是一本记录我成功之道以及激励他人学习的书，那写一点我的私人生活、品性特质、习惯以及愿望或许也还不错，因为它们与我的成功息息相关。

　　一直以来我都醉心于工作。我热爱工作就像别人热衷玩乐，它既是我的职业也是我的娱乐项目。小时候，因为课余需要自己赚取生活费用，所以我没有时间在操场上玩耍。长大后，我想尽可能多地学习销售知识，所以也没有多余的时间浪费在其他事情上面。我唯一学会的游戏就是商业。对于我而言，它浑身都散发着魅力。我从来没打过棒球、高尔夫或者网球。我母亲是苏格兰长老会教徒，长老派教义禁止跳舞、打牌以及看戏。之后我也没能学会如何好好地享受这些东西。汽车刚上市不久，我就买了台车，但是很少自己开。

　　我从事的慈善事业主要是教育男孩以及男人们去热爱工作。长期以来，我一直在参与一个协会的活动，这个协会将青少年法庭的男性少年犯带去一个农场劳作。用这种方式，它拯救了几百名男孩。几年来，我都会从我的乡下老家出发，早上 6 点到达芝加哥，然后径直走进格兰特公园。那里有很多流浪汉，他们晚上枕着报纸睡在公园里，我会花上一个多小时来劝说他们，唤起他们对工作的兴趣。作为美国志愿者协会的一名理事，我对监狱工作特别感兴趣。我曾经陪同莫德·巴灵顿·布斯在乔利埃特监狱做讲座，也曾帮助扶持芝加哥的希望之家，那是一处提供给假释犯人的临时住宅点。我对这项工作最主要的贡献是在一个周日下午，为他们做了一场名为"工作乐趣"的讲座。

我给杂志社投稿，主张不管男女都应该参加工作。我一直坚持劝告未婚的姐姐为了自己的幸福像我一样工作。她现在还在格兰特·拉匹兹高中任教。我的一个女儿是名演员，另一个女儿于史密斯学院毕业后就马上结婚了，她成了一位母亲，同时还担任了两个女子社团的主席，有时还会做一两场演讲。我的妻子每天工作 14 小时。她是我们的首席园丁，养护着密歇根最好的花园，每个夏天都有几百人从四面八方赶过来欣赏这些园艺作品。所以我们家总是挤满了宾客，而这都交给了她来打理。我们估计，在这里我们一个夏天就提供了 3500 多份早餐。与此同时，她是一位音乐家，每天会挤出 6 个小时来练习，在芝加哥她还是一位有名的慈善事业工作者。

当我的女儿还未嫁人时，每到节假日，我家就挤满了年轻的小伙子。我向他们表明我很反对他们无所事事的样子。听了我的话，他们开始利用大学假期打工，掌握职业技能。我欣然地看到，用这种鼓励和鞭策的方法，我帮助他们中很多人取得了成功。他们发现完成一个个的计划比打球更有趣，赢得一份份合同也比赢得比赛奖杯更好。

我对商业如此痴迷不是因为我热衷名利，我甚至对成功都没有什么明显的欲望。除了苏格兰人对浪费本能的反抗外，金钱对我而言没有任何意义。我甚至都不想将财产留给我的子女，她们现在拥有的已经足够好了。我希望她们的丈夫能享受和我一样的乐趣，拥有自己的事业，所以我从不吝啬给他们这方面的鼓励。

我以前长期生活在极度的贫困中，饥饿与我为伴。当我开始经商的时候，我还必须一周省下两顿饭钱来支付洗衣费。同时，我也体验过奢华的生活，一年的开销就达到了 14 万美元。这两种生活对我来说都没有太大区别，无论是哪一种，我都过得很开心。我不认为我们能毫无苦闷地回到以前穷困的生活，但是我确定在两种情形下人们都可以活得一样快乐。

我所知道的最幸福的人是我的邻居，他每个月的收入都低于125美元。他用自己积攒的工资建了6栋小房子，然后开始对外出租。之后他就靠着收取租金开始了退休生活。他整个夏天都会在我湖边避暑，在他的花园里劳作，冬天又回到佛罗里达州。我经常跑到他的小屋里向他取经，学习他的"知足常乐"。

直到所得税出台，我才开始计算自己的收入。收入金额对于我来说没有意义，它们的高低都不会对我有丝毫影响。我的妻子负责管理我的收入和支出。我从来没签过一张支票，对花在家里或者购置用品的消费一点也不知情。由于母亲遗传给我的苏格兰人性格，知道这些开销只会让我不开心。但是如果我只是大概知道这些东西花了很多钱，我不会有什么感觉。

在个人消费上我非常节俭。我总是打扮得略显寒酸，直到我的妻子对此忍无可忍，我才开始穿店里售卖的成衣。如今我会尽量选择收费便宜的裁缝。就在我写这句话的时候，我已经两年没有穿新衣服了，我的鞋子价格不超过6.5美元。当要住宾馆时，我选择的也是最便宜的房间。

我之所以说这些事就是为了表明我的工作动机不是钱，也不是名誉和地位。对于是在别处还是在我家附近的树林里和简单的居民一起生活，我一点都不在乎。所有那些把我变得高人一等的想法只会让我不自在。这是一个人人平等的国家。

我为了获得工作的乐趣而工作，它成了我的一种习惯。之后我全身心地投入商业中。因为我意识到，我必须做出艰苦卓绝的工作，才能帮助广告事业脱离束缚，成长起来。

在我25岁的时候，洛德暨托马斯公司给了我第一个岗位。当时我还住在大急流城，我跑到芝加哥和这家公司的创立者探讨工作机会。这家公司当时还没有广告文案撰写人。广告文案撰写本质上是一个经纪人工作，要求在固定的空间内和其他代理商竞争机会。广告客户一般会先自己准备好广告，然后把电铸版发给我们。广告业的利润就在于改进广告方案，以此来获得客户的报酬。这个工作似乎就是为我而准备的，因为我曾经在比塞尔毛毯清洁器公司担任广告策划，当时我为我的广告客户们带来了很多意想不到的盈利。

虽然我当时既年轻又缺乏经验，但是我已然认识到这些广告理念走不了太远。我的职业训练已经让我明白追踪广告结果的必要性。所以拒绝了洛德暨托马斯公司的岗位，以及它之后涨了 60% 的薪水。然后继续努力推销产品赚钱。16 年后，换了老板的洛德暨托马斯公司又再一次邀请我加入。

那么这么多年异于常人的勤勉带给我什么了呢？它带给我的是别人通过医学研究、通过将毕生精力奉献在实验室里才获得的东西。我一生都在研究广告。如今，我有幸获得殊荣写下这些心得以供后来者借鉴学习，我希望这些记录可以帮助拓荒者少走弯路，节省像我当时改正这些错误所花的几年光阴。我好像获得了爱迪生每天 20 小时努力才得到的东西，那是一种满足感 —— 一种对于发现了永恒原则的满足感。

很多人认为，广告正在发生变化，时代需要新鲜血液。当然美国的生活节奏正在变化。时尚潮流、人们的嗜好和欲望就像万花筒一样变幻莫测。所以给每个广告赋予不同的主旨基调总是有必要的。模仿永远不会成功，但是人性是不会改变的，这本书中提到的原则就像阿尔卑斯山一样，经得起时间的考验。

和以前相比，现在的广告要难做多了。因为它们成本变得更高，行业竞争也更为激烈。但是每一个新的困难都使我们更加意识到科学广告的必要性。

在我写这些内容的时候，我正在俯视一片美丽的湖泊，我第一次看到它的时候还只有 6 岁。湖的尽头是一座村庄，它以前是一个主营木材加工业的小城镇，我的祖父当时就是那里的一名浸礼会牧师。目之所及之处还有一座小山，我小时候曾经在上面耕作过。现在这座山坡上还覆盖着葡萄园，我以前在那里摘过葡萄。以前叔叔在这里有一片果园，现在成了我的家。在我从商之前，我每个夏天以及某些冬天会来这里工作，我童年的一些玩伴依然居住在这里。

再往下面走就会看到一座码头的旧址。在那个码头，我曾经一天装卸过1800篮桃子。18岁的一天晚上，我走到码头，乘上一艘船，擦着满脸的泪水，踏上了商业之旅。再次看到我的儿时老家，中间已是翻过无数艰辛岁月。

之后回家的本能让我再次踏入故土。我买下了一大片原始森林，那是我小时候一直热爱的地方，给它取名为松树岭。在那里我建造了自己的家园，接下来的17年，我将它扩展改造成我的一处天堂。半英里长的花园一直延伸到湖畔。我家的草地上总是充满生机，亲朋好友和我的孙子们常常聚集在那里谈笑风生。

现在我可以在美好的环境下从事着我热爱的事业。一英里之外的光景反衬出我努力付出获得的成就和过去生活形成的对比。这里还有一些一直不敢做出改变的人，他们还保留着原本的样子。这片土地是我的故土、我的神殿、我的家。

从生活那里得到的幸福和满足，我相信没有人会比我获得的多。顺着生活，我领会了对于简单事物的喜爱和对于普通大众的关怀，这些因素都促成了我广告事业的成功。

在这里的周末舞会上，我见到了众多的成功人士，和他们有过亲密的交谈。我不羡慕他们任何一个人。最开心的人是那些与自然为邻的人，而自然也是广告成功的一个重要因素。所以我想以下面一句话作为对广告的总结：广告依赖于你对大众的关爱和了解，这份职业带给你的回报远比金钱要多得多。

下 篇

科学的广告

---

❶ 广告的成功并非运气，它也有科学规律

从某种意义上来看，广告成为一门科学的时代已经到来。首先，基于固定的准则，广告本身就有一定的准确性。广告所产生的原因和影响都会被人们层层剖析，直到完全理解吃透。行之有效的广告方法会在行业内得到证明和认可。从而我们知道哪个方法最有成效，并以此为蓝本，按照基本准则行事。

在正确有效的方法指导下，广告业，这个曾经带有博弈色彩的投机行业逐渐成为风险最小的商业项目之一。毋庸置疑，在同等情况下，其他的企业活动所涉及的资金风险都要比广告业大得多。

因此，本书所阐述的不是理论观点的条条框框，而是有理有据的准则事实。既可以作为学生的教科书，又可以作为广告从业者的指南。书中所有言论都经过了深思熟虑和细心考量，所涉及的内容都是行业内已确立的基本知识，所有不明确的信息都给予了细致的注明。

各种各样的原因促成了现今广告业的地位。很多广告服务都长期被广告公司和诸如此类的大型企业所垄断。在他们运营的成百上千条广告中，一些公司会对这些广告策划和广告理念进行测试和比较，将得到的结果监测记录在案，所以这些经验教训都没有白白流失。

这些广告公司聘请的都是极具天赋的员工，只有富有经验又有能力的人才能达到广告业对从业者的要求，从而脱颖而出。在团队中成长，与同事精诚协作，互相学习，然后在新的实践中收获经验，这些英才中的一部分逐渐

成了广告业里独当一面的专家。

任何公司都难免存在员工流动，但是他们将自己的经验和理念留在了公司内部。这些思想理念会成为公司的宝贵资源财富以及后人的指导方针。因此在几十年间，这些广告公司演变成了一座广告经验和准则方法的储藏库。

这些大型广告公司同时也会与商业界内各行各业的权威专家保持密切联系，他们所服务的客户也多是企业领导和行业领袖。在他们的帮助之下，这些广告公司可以预见到各种政策方针的效果。他们逐渐成为各类广告推销的交流中心，几乎一切商业中遇到的销售问题都能通过他们的实践经验找到正确答案。

就这样，长期存在的广告营销发展成了一门严谨的科学，它的每个步骤都被验证。不管目的如何，正确理论像指南针一样，为人们指明了一条最快速、最低耗以及最安全的道路。

我们学习这些条例准则，并通过反复的测试来检验它们的正确性。主要方法是发行大量优惠券以及适当的广告营销和跟踪反馈。我们将多种广告方法横向纵向进行多次对比，然后记录下相应的结果。当一套方法在各个测试中都无一例外表现最佳时，这套方法就会被确立为行业内的固定准则。

邮购广告可以将支出费用监控到一分一毫，每一份回复的成本和销售过程中所花费的每一美元都可以找到来源并得到精确的呈现。

大到广告和宣传方法，小到标题、排版、尺寸、论点和图片，每个细节相互间都会进行比较。对于邮购广告而言，节省的每一分钱都有着重要的意义。任何凭空臆想的营销方式都是不允许的，策划人必须知道哪个方法能带来最佳效益。因此，在广告的发展期，邮购广告最先为我们树立起了大量行业内的基本准则。

对于那些难以估测直接效果的广告，我们将它放在多个城镇之间进行对比。很多销售策略和销售成本也许就是通过这种手段进行比较和测量的。

但是我们最常使用的数据收集方式还是派发优惠券。通过为顾客提供一些样品、书籍以及一袋免费产品等手段来获取他们的直接反馈，从而我们可以知道每种不同的广告方式对受众带来的影响。

但这并不意味着我们的工作就完成了，一份广告得到的顾客反馈绝大多数可能都是毫无意义的，余下的一小部分才具有参考价值。所以对客户人均消耗成本和销售单位消耗成本这两项进行评估才能得到我们的最终结论。

在之后的"试销宣传"讲解中，优惠券营销法还会得到进一步的讨论，在这里我们只研究如何利用优惠券来检测广告原则。

在大型广告公司内，我们会用几百种不同的产品来监测记录优惠券的反馈情况。偶尔我们也会就某一个单一的产品，对近千种不同广告进行记录。这样，我们就得到了所有与广告有关的测试结果。通过各路跟踪反馈的数据，我们几乎可以回答所有与此有关的问题。

我们学习到的这些技能有些也许只能适用于特定的产品，但即使这样，这些知识也可以举一反三，作为基本原理运用到别的类似的情况中去。

其他的一些经验策略则可以适用于所有产品，它们构成了通用广告的基石，具有普适性。任何一位聪明的广告商都不会抛弃这些恒定的规律。

此书旨在为读者揭示这些基本原则和通用原理，传授已有的广告技巧。正如所有行业皆有捷径可走一样，广告同样也有法可循。科学技术是各行各业的基本要素，在广告中也是如此。

缺乏这些基础知识是过去广告业所面临的一个主要问题。没有可供参考的规则，每个从业者的经验就是当时自己独有的法则。而所有前人的智慧和改良的方法于他们而言都是一扇紧闭的大门。这就好比一位试图建造现代火车的人却没有前人经验做铺垫一样，只能遵循哥伦布的方法，自行摸索去发现一片新大陆。

如果人们只是因为一时兴起，心血来潮才决定做某件事，那么他们很难走到终点。即使偶尔成功，也免不了要走一段很长的弯路。

广告产业就好比一片大海，每个在此航行的海员都只会记录下他们自己走过的路径。没有航海图指引方向，没有灯塔标注港口，没有浮标显示暗礁，也没有以往在此处遇难的沉船记录，所以不难预见，在同一处岩石和浅滩上，又会有无数的危险事故重复上演。

那时的广告业就是一场博弈，一种最鲁莽轻率的投机行为。人们对某种现象发展的随意猜测可能和其他人的预测结果大相径庭。这世界上从来就没有绝对安全的舵手，因为很少有人会在同一个航线上航行两次。

之后这种情况得到了改善，现在广告业仅有的不确定因素只与人员和产品有关，而不再是使用方法和策略。因为固有喜好的存在，人们的习惯、偏爱和偏见都很难估量。所以我们不能断言一件物品是否能受到大众的喜爱，但是我们知道如何快速地获取这个结果，知道怎样以最有效的方式兜售这件物品。

风险投资可能会遭遇失败，但失败并不意味着灾难。一旦失败来临，损失往往是其次的，而且其原因也多与广告无关。

在这大好的新形势下，广告产业蓬勃发展。不论是职位数量、声望还是地位都得到了显著提升。从事的风险几近为零，所带来的结果也是大为增加。仅仅是因为广告业这个以前的博弈演变成了一门科学，所以曾经的这项投机行为如今也成了非常保险的事业。

这些事实应该得到众人的认可，因为它没有掺杂任何诡辩、臆想和无稽之谈。盲人骑瞎马本就可笑荒唐，在广告业这片充盈着万千可能的沃土上，这样做只会让人唏嘘。除非人们在广告业中能找到像万有引力那样亘古不变的通用规律，否则成功只是小概率事件，最大化的成功难以实现。

所以我们的主要目的就是写下这些规律，然后告诉你如何亲自证实。证明的方式多种多样，形式不一，任意两个广告活动的实践方法都不是绝对相同的。具有个性特色才是关键，单纯的模仿受人诟病。但是广告业的教科书不会讨论这些依赖独创性的变化因素，教科书只讲入门基础。

我们希望通过改善人们对广告的理解来促进该产业的发展。将其视为一种商业行为的同时，也可以意识到它是一份能带来巨额回报的最安全、最可靠的投资。

成千上万的成功案例预示着它的可能性，也指明了它无限开阔的前景。然而还是有很多人，他们亟需这些方法引领他们到达目的地，却仍一味地将这些成功归结为所谓的运气。

以前确实如此，但是现在已经是另一番光景。我们希望本书在这方面能给读者带来一些启迪。

② 广告的唯一目的就是出售产品

为了准确地理解广告或者仅仅只是理解它的基础原理，我们都必须从正确的概念出发。广告就是营销术，所以它的原则也是营销术的原则。二者的成功或失败都有着相似的原因，因此面对广告所涉及的问题我们都应该以推销员的标准来回答。

需要强调的一点是，广告的唯一目的就是出售产品。盈利与否都是以实际的销售情况来判定的。

广告不是为了营造整体效果，不是为了让你出类拔萃，也不是为了帮助其他的销售员。

将广告视作一名销售员，让其在运作过程中证明自身的合理性和正确性。将它与其他销售员进行对比，计算成本，预测结果，只接受出色的销售员可能存在的失误，这样，在广告的这条路上你基本已迈入了正途。

广告和营销的唯一不同表现在它们的覆盖程度上。广告是多重的营销，它能同时面向成千上万的人，但是推销员只能进行一对一的服务。同时它们的成本也有很大的差别。即使是相对一般的广告，刊登费用也要 10 美元每字，所以可想而知，每个广告都应该是一位超级销售员。

销售员犯的错误，修正过来需要的代价微乎其微，但是一旦广告出了差错，损失可能就是它的几千倍了，所以广告人员更需要谨慎小心和精确严格。

平庸的推销员影响的也许只是你商业贸易的一小部分，但是一份质量低下的广告影响的则是你全部的买卖交易。

很多人认为广告就是广告文案写作，其实广告对文案的要求并没有营销对演讲要求的那么高。

人们必须能够简洁清楚并有说服力地表达自己的观点，就像对销售员的所要求的那样。但是精良的文案在广告中并不占优势。就如同特殊的文学体裁不一定会给你的文学作品加分一样，它转移了观众对产品本身的注意力，同时也揭露了广告遗留的悬念。如果表现得足够明显，任何刻意的销售行为，都会让顾客产生相应的抵触。

这种现象在个人推销以及广告推销中同样存在。交际能力一流的人很少能成为优秀的推销员。他们过于流利的语言反而会让顾客感到惶恐，让人怀疑这样卖力的推销是另有目的而非真正出于对消费者利益的考虑。

成功的推销员很少是能言善辩的，他们几乎没有演说的魅力可言，有的只是对消费者和产品的了解以及朴实无华的品性和一颗真诚的心。广告文案亦是如此。

大部分广告业中大有作为的都是那些成熟的销售员。据我们所知，现在行业内表现得最出色的都是那些曾经挨家挨户进行产品游说的推销员。他们也许语法漏洞百出，修辞毫无文采，但是他们知道怎样将话说得更让人信服。

有一个简单好用的技巧可以来回答大多数广告出现的问题。那就是自问："这个方法能帮助推销员更好的销售商品吗？""如果我见到顾客，它能帮我将产品卖出去吗？"

如果能回答好上述问题就能避免无数错误的发生。但是如果你只是为了炫耀或者满足一己私欲而这么做，那么你很难打动顾客让其掏腰包。

有些人建议使用朗朗上口的标语，而有些人则更喜欢让人眼前一亮的比喻，但是你会将他们运用到个人销售中吗？你能设想到有谁会被这样的广告所打动吗？如若不能，就不要指望用它们来宣传产品。

也许有人会说："广告词要尽可能的简洁，没人愿意花大段的时间来阅读你的文字。"但是对于一位销售员，你还会这样说吗？当买主就在眼前，你敢肯定他只说一两句话就能打动买主吗？这简直就是天方夜谭。

广告业亦是如此。只有对我们产品感兴趣的人才会阅读我们的广告。不论广告的篇幅是长是短，都不会有人将它当作一种消遣乐趣来阅读。所以我们应该将广告读者视作一位正在向你咨询信息的潜在顾客，给他足够的产品资讯促使其消费买单。

有人建议广告使用大号字体和粗标题，但类似的，他们却不认为大嗓门的售货员有任何可取之处。人们愿意阅读8磅（即6号字体）的字体，是因为我们通常阅谈的杂志和报纸字号都是这样的大小，读者已经习惯了这样的规格，任何比其更大的字号就如同大嗓门的宣传，得不到应有的重视。虽然那也不至于让读者感觉不适，但是这样做无异于在浪费资源做无用之功。加大了广告成本的同时也太过花哨和直白。

一些人则试图将广告做得另类新奇。他们想让广告风格和插图都能与众不同。同样的，你会愿意推销员也这样吗？难道一位穿着、举止都正常的人不会给你留下更好的印象？

还有一些人则坚持认为广告所使用的设计要别致考究。在某种程度上这样做也并无大碍，但这并不是广告能否成功的关键。一些设计简陋的广告就像穿着寒酸的人们，外表虽然不精致，但仍不影响他们成为一名出色的推销员。不论是广告还是人，打扮得过于讲究都是不可取的。

所以面对无数问题，我们都应从推销员的角度而不是娱乐性的角度来回答。广告不是用来取悦读者的。即使它们达到了这样的效果，这些追求消遣的读者也不可能成为你未来的顾客。

这是最严重也是最容易犯的广告错误，广告创意人员抛弃了他们应有的立场，忘记他们销售员的身份，试图去成为一名演员，不是卖力推销而是为了寻求掌声。

当你在设计和准备广告时，脑海中始终设想有一位买家就在你眼前。你的产品和标题成功吸引了他的注意，之后该如何行事就完全按照你和买家面对面时接触的方法来了。如果你思维正确又刚好有一个善于推销的头脑，那么你的才华会得到淋漓尽致的展现。

不要将人群定位于普通大众，这只会留给你一个模糊的轮廓。而要设想具体想购买产品的个人，男女皆可。在销售方法上，不要哗众取宠，资金禁不起浪费，每项支出都应该花在刀刃上；不要自吹自擂，因为这种行为所有人都不待见，当然也不要大肆炫耀。你所要做的只是设想一下当一位出色的销售员面对未来顾客会怎么做，然后按照这样采取行动就可以了。

一些广告人士在设计和创作广告之前就会亲自上街兜售产品，曾经有一位干练的广告人，单单只为了一件产品就挨家挨户宣传销售了好几个星期。通过这种走访的方法，他知道了在不同形式的产品卖点和销售渠道下顾客的反应，也明白了顾客的需求和他们的喜恶。设计一个广告，采访几百位潜在顾客早已是很平常的事。

其他人则可能会利用调查问卷来了解顾客对于产品的态度。不管是以何种方式，我们都必须知道如何让消费者对广告产生共鸣，所有对消费者心理的乱加猜测都是对有限资金的一种浪费。

广告制作者对制造商甚至经销商的立场都了如指掌，但是这些观念却时常会让其偏离了顾客心理，因为销售商的喜好并不代表着顾客的喜好。

真正的广告人会研究他们的顾客，站在买方的角度看问题。他们的成功很大程度上只取决于对顾客的了解而非其他因素。

这是本书对营销术描写最为重要的一章。大多数广告从业者业绩平平的原因主要有两点，首先是他们尝试贩卖给顾客并不想要的产品，其次是他们自身对正确营销术知识的缺乏。

如今充斥着用错误理念设计和创作的广告，它们只取悦到了销售商，而忘记了考虑买家的利益。只要这样的观念还存在，产品就永远不可能卖得出去。

❸ 人们也许会被广告诱骗，但是绝不会被其支配

记住，你的买主和我们普通大众一样，都藏有私心。对于你的利益，他们一点都不关心，他们寻求服务只为满足自己的需求。忽视掉这一点是广告人常犯的错误之一，这样的失误往往伴随着巨大的损失。广告用效果说话，如果只是说"不要光买别人的东西，也来瞧瞧我的产品，让我也分一杯羹"，这样的话丝毫吸引不了顾客的兴趣。

一份精良的广告不会低声下气地乞求顾客购买，因为这样做不会有任何实质性的效果。通常情况下，它们不会明码标价，也不会让消费者觉得经销商这样做是有意在处理产品。

这些成功的广告完全依赖于为顾客所提供的服务。它们呈现大众想要的信息，分析产品能为使用人群带来的好处。也许它们还会随机附赠商品小样，帮顾客支付第一单的费用，或者是在顾客的同意下给他们寄一些东西，这样消费者不需承担任何代价就可以验明广告内容的真伪了。

上述广告似乎有点利他主义倾向，但是它们恰恰利用了人类的天性，这些广告的撰写人知道怎样引导顾客购买商品。

这里再次要提到的就是营销术。优秀的销售员不只是到处吆喝产品名字，他不会喊"快来买我的产品啊"等此类口号，而是会换位思考，站在顾客的角度来评定他的服务，直到交易水到渠成。

一家油漆生产厂商大约有 2000 位销售员上门推销产品，在这个生存十分艰难的行业，这已算是相当成功了。如果这些销售员只是要家庭主妇来购买

这些产品，那他们的产品会很难卖出去。

但是这些销售员并没有这么做。他们站在顾客家门口友善说道："公司派我过来送您一桶油漆，我这里还有一些其他样品，您也可以随意挑选使用。"

这些家庭主妇都是满脸笑容，全神贯注地在一旁听着。在挑选了一桶油漆后，她瞥见剩下的样品里还有一些也是她想要的，急于对先前的免费礼物表示感谢，她会同意购买其他的油漆。于是，这名销售员成功签到一单。

另一家公司则是通过铁路货车在 500 座城镇售卖咖啡等商品。它的销售员会带着 0.5 磅咖啡出现在顾客门前然后说："请收下这个包裹，然后试试里面的咖啡吧。过几天我还会再来拜访，到时如果您不喜欢，可以直接向我提意见。"

即使几天后他真的过来了，他也不是为了说服顾客买咖啡，而是解释他想推荐一款别致的厨房用具，虽然这个不是免费的，但是如果她喜欢那些咖啡的话，他将会在咖啡上让利直到她能买下这套炊具。所以，营销总是需要为顾客着想。

一位电动缝纫机的制造者觉得自己的产品很难推广营销，所以他决定听取别人的建议，不再将目光聚焦在如何贩卖上，而是推出顾客免费试用体验。通过任意经销商，顾客都可以免费试用缝纫机一周，同时还将有工作人员上门服务介绍使用方法。"无需任何负担，让我们为您无偿服务一周吧！"广告上如是说。这样的要求让人难以拒绝，而且几乎 90% 的顾客最终都会买下这些试用品。

上述以退为进的销售方法在很多行业都有用到。比如，香烟生产者就会递给路上任何人一包香烟然后说："您可以免费品尝 10 根，10 根过后，买下还是退还，悉听尊便。"

诸如此类的产品还有书籍、打字机、洗衣机、厨房餐具柜、真空吸尘器等，这些产品的制造商也会提供送货上门无偿试用的服务，他们宣称："试用一周，之后购买与否，任君定夺。"事实上，所有最后成功销售出去的邮件订单都是这些试用品。

这些都是营销术里的基本常识。即使是最不用心的街头小贩都会用到它们。然而广告商却常常忽略掉这些技巧，他们张口闭口谈的都是利益，到处宣传展示着他们的商品名，好像它们有多么重要一样。他们的标语就是："驱使人们到商店消费。"而这个观点也体现在他们所有的广告内容中。

人们也许会被信息诱骗但是绝对不会被其支配，因为他们所做之事都是为了愉悦自我。如果能够牢记这些事实，那么广告中很多的错误就能被避免了。

❹ 广告必须以科学为根基才更有可能获得成功

　　对广告销售员最苛刻的测试莫过于考验他用直邮的方式进行商品推销，但是对于任何一位立志成功的销售员来说，这其实是他的必经之路。使用邮购广告，成本和结果在短时间内能被看得一清二楚。错误的理论也犹如阳光下的雪片消融殆尽。广告盈利与否，在得到回报的当下就已十分明显。这些真实的数据可以立刻呈现出某一个广告的优点来。

　　邮购广告的性质逼得推销员不得不全力以赴。乱加猜测的营销理论在这里无法生存，所有的错误都显而易见。那些此前自命不凡的推销员在意识到自己决策的失误频率后，很快就不再自负，因为他们自称拥有十足把握的判断十之八九是错的。

　　通过邮购广告，他们认识到广告必须以科学为根基才更有可能获得成功，同时也明白了每一份浪费的资金是如何累加到最终成本上的。

　　邮购广告是一位严格的老师，教授他们如何提高效率和节省成本，任何投机取巧的小聪明都逃不过他的法眼。之后，他们才会将同样的原则和方法运用到其他所有广告上去。

　　一个商人贩卖售价 5 美元的商品，他的广告回复成本是 85 美分。另外一位提交给他一份自认为更出彩的广告，但是每份回复成本是 14.20 美元。还有一位提交的一份广告两年内的平均回复成本只有 41 美分。

　　仔细考虑下这 3 个不同的成本消耗，将它们的差距投射到每年的 25 万份广告反馈上，然后你就会明白那位将成本消耗缩减到一半的人是多么的明智。如果回报不尽如人意，那么持续将 14.20 美元投到每份广告上又意味着什么？

然而仍然有成千上万的广告商前仆后继地这样做，他们将巨额的资金都投到了臆测上，像第二个商人那样，原本只需要投入一点点的成本，但是他们却在上面多花了 2 倍甚至是 35 倍的钱。

一份邮购广告的研究能够揭示很多值得学习的问题。它是我们研究的主要对象。通过这种方法，从一开始你就可以知道，将一份邮购广告推行下去，它是否能为你带来可观的利益。因此，在企业商品营销中，采用邮购广告不失为一个好方法。

可能是因为这类广告是经过许多调研比较后选中的，所以才让它登顶成为目前销售业中最好的广告方式。

我们应该带着敬意来学习这些广告。它们都是有实证验明的宣传方法而不是纸上谈兵的空洞理论，不会让你误入歧途或是落入陷阱。它告诉你的是那些精明商人愿意放在所有广告上的规律和法则。

邮购广告一贯都是采用小号铅字，比起常规尺寸它们通常更倾向更小的字体，这种节省空间的现象普遍存在，所以这也从另一方面确切证明了更大的字体会造成不必要的浪费。

记住，当你采用双倍的字体占用了双倍的版面时，这份广告也许仍能盈利，但是跟踪报表显示这样做你只是为同样的销售效果花了双倍的钱。

邮购广告里不存在空间的浪费，因为它的每行每列都能派上用场，花边边饰很难在邮购广告里用到，当你想要在宝贵的页面上留白时，还请不要忘记这点。

邮购广告也没有长篇累牍的废话和吹嘘，没有信息的偷工减料和冗余，它无意愉悦视听也不刻意取悦读者。

邮购广告一般都会附赠一张优惠券，告诉这些已经心动的顾客是时候采取行动了。同时这张裁剪下来的优惠券也是对读者决意要做之事的提醒。

邮购广告人明白读者们都是健忘的。当阅读一份喜欢的杂志时，他们会被故事的剧情吸引。很多读者在看完一份广告后，当机立断就决定冲到商店下单，但是不到 5 分钟，他们就将这个决定抛到了九霄云外。邮购广告人通过实例测试看到了这种资源浪费，但是他们不愿意就此妥协，所以他们在广告里插入了这些可以裁剪下来的小提示，当读者准备前去购买时，这些优惠券就会适时出现在他们的面前。

在邮购广告里，图片永远要与主题相关。它们本身就是推销员，用自己的实力来赢取版面位置。图片所占尺寸大小由它们的重要性来衡量。一件待销售的连衣裙，它的宣传图片也许就需要较大的版面。越不重要的东西占用的空间就越小。

普通广告上的图片刊登涉及的技术含量也许很少，它们可能就是一些心血来潮的产物。但是邮购广告上的图片刊登费用可能就占去了你销售成本的一半。可以确信的是，呈现在你面前的邮购广告，它的一尺一寸都是经过大量对比测试的结果。

所以，在你纯粹为了装饰和吸引眼球而采用一套与销售主题无关的图片前，回头看看邮购广告是如何做的吧，然后好好将它们的标准铭记于心。

一位用邮购广告推销孵卵器的商人，在选用了正确的标题后获得了消费者的强烈反响。但是他认为引人注目的图片将会提高读者反馈的积极性，所以他增加了一半的版面加入了一排小鸡的轮廓图。

这份广告确实给读者留下了深刻印象，但是它每条广告回复成本也因为那个扩展了一半的版面而提高了。这套改良版的广告，为每张新插入的图片多耗去了一半成本，但是却没有多带来一份买卖。

通过这件事，这位商人认识到孵卵器的买家是一群很实在的人，他们寻找的是有吸引力的产品而非图片。

无数这类一时兴起的广告活动，因为没有进行跟踪反馈，在多花了一半的广告资金后也没有带来更多的收益。这样的情况也许还会持续好几年。

如果你的目标是速销，邮购广告本身就应该讲述一些完整的内容。邮购广告的篇幅不会对其有限制。

有句话说："说得越多，销得越好。"在我们所知的任何测试中，这条箴言都屡试不爽。

有时广告商会用小广告，有时则采用大广告，没有哪则广告会因为版面太小以至信息不全，但是双倍版面的广告会带来双倍的顾客反馈，4倍大小的广告则会带来4倍的反馈，而且通常还会更多。

但是这种情况只发生在大版面的广告空间利用率以及信息覆盖率能表现得和小版面一样好的情况下。如果只是将原本只需半个版面就可以讲完的信息强行扩展到一个版面，只会无端将广告成本翻倍。很多营销测试都证明了这一点。

看看米德自行车公司，他们家的广告就是典型的邮购广告。同样一份广告流通了许多年，未做任何改变。公司负责人米德先生说即使给他1万美元，他也不会改动这个广告里的一个字。

他将多年的时间和心血花在了大量不同类型广告的对比上，你眼前的这份广告就是所有这些试验的结晶。注意到它的配图、标题、版面的安排和字体的大小。对于一个广告而言，它们在宣传销售上的表现已经是近乎完美。

所以对于任意一个长期使用的邮购广告，它的一词一句，一图一画，特征表达都是广告人学习的范本。也许你并不喜欢它们，觉得它们毫无魅力、排版拥挤、难以阅读，你可以想到很多类似的反驳理由。但是它宣传结果的测试证实，这些广告是它们行业迄今为止最好的销售员，所以学习这些邮购广告你肯定能有所收获。

邮购广告是你最后的撒手锏。如果你愿意研究其他类型的广告，你也许也能得到相同的结论，但是邮购广告是标准样本，它是一种避易就难的盈利销售方式。与说服顾客进店消费相比，得到一笔邮购订单要困难得多。将无法体验到实物的产品销售出去是很艰难的，能做到这点的广告都是业界的典范。

尽管我们知道要借鉴邮购广告的原则，但是我们常常不能持之以恒地将它贯彻下去。广告客户会逼你妥协，有时我们对自己广告的自豪感也会影响我们的决策。但是任何偏离这些原则的行为都只会加大我们的营销成本，所以愿意为自己的不理智付出多少代价总是我们需要面对的问题。

但至少我们知道产品宣传的过程中我们付出了什么。我们可以一个个广告相互比较，不管什么时候，我们都能发现当我们的广告和流通的邮购广告越像时，我们获得的顾客也就越多。

好好思考一下，用邮件的方式获得一份订单和直接在经销点获得一份订单有什么本质区别？为什么它们所使用的营销方法会各不相同？

其实营销方法不应该千差万别，出现了这种情况，只有两种原因：其一是这个广告人根本就不知道邮购广告的那些技巧，对广告一窍不通；其二是他故意牺牲一部分回报来满足某些欲望。

正如装饰漂亮的办公室和大厦一样，广告这样做也是情有可原。大部分的人都有能力为自己的自尊和一己之见买单，但是我们务必要清楚自己在做什么以及满足自己虚荣心的代价。如果我们的广告没能带给我们想要的结果，那就让我们重新回到模板——优秀的邮购广告上去，然后减少浪费。

❺ 只吸引到某些特定的人便成功了

商业广告和个人营销的区别主要是在与人接触的方式上面。推销员站在消费者面前就是为了得到关注，他很难被人群忽略，但广告很容易被人们忽视。

推销员可能在一个无意购买产品的人身上花上大段的时间浪费口舌，因为他无法将自己的顾客从人群中挑选出来。但是广告可以弥补这个不足，它们只会被感兴趣的人群阅读，读者选取自己喜欢的广告然后仔细阅读。

标题的作用就在于挑选出感兴趣的人群。你想和人群中的某个人说话，那么你说的第一句话就应该是"嘿，比尔·琼斯"这样的，来获得相对应人的注意。

广告也是如此，出于特定的原因，你的内容只会吸引到某些特定的人，你只会关心这些人的感受，所以创立一个只会获得这些人关注的标题吧。

也许一个盲目的标题或者诙谐的巧喻能吸引更多读者，但是它们很可能涵盖一些非广告本意的内容，让读者产生了误解，以至于你的潜在客户可能从未注意到你的广告产品就是他们想要的。

广告标题如同新闻标题，没有人愿意花工夫将整个报纸都看完。有人喜欢财经资讯，有人偏爱政治新闻，有人嗜好社会报道，有人钟情于烹饪食谱，还有人可能只专注于体坛快讯，这些都是报纸的一小部分。报纸上很多整版报道的新闻我们会直接跳过，看都不看一眼，但是其他的人拿到报纸的第一件事可能就是直奔这些内容。

通过标题我们可以快速筛选出我们想阅读的内容，所以我们不想看到误导读者的标题。写好标题是最高的新闻技巧之一，标题不是准确地揭示了广告目的，就是隐藏了广告的初衷。

假设一则新闻是想报道某位女性是全城中最漂亮的，这则消息肯定会得到该女性本人和她亲朋好友的关注。但是如果这个新闻配的标题是"埃及心理学"，那她和她的朋友都不会看了。

这个方法也可以运用在广告上，人们常说读者不会看广告。其实，这样的说法是很愚昧的。我们将几百万砸在商品广告上，回收顾客反馈的时候，读者们的表现总是出乎我们的意料。经过多次调查反馈，我们发现每份报纸都会有 20% 的读者剪下了优惠券。

但阅读广告并不是一门消遣。读者不会阅读一看就不感兴趣的广告。一份介绍女性连衣裙的广告，即使是双页版面也不会得到一个男性读者的注目。同样的，剃须膏的广告也不会有女性读者关注。

时刻牢记这些真理。人们的时间都很宝贵，每位值得投资的读者都有太多的信息等着他阅读。他们买下一份报纸只会看其中四分之一的内容，剩下的四分之三内容会直接跳过。除非你的内容值得他们一看，同时你的标题也表达无误，否则你的商业报道根本就不会有机会进入他们的视野。

人们不会仔细钻研报刊。当晚宴上宾客讲述自己的光辉事迹、个人爱好、经历见闻等的时候，他们可能会耐心倾听以示礼貌。但是面对报纸杂志，他们就会主动挑选自己喜欢的对象和话题，从中获得快乐和启发。他们想要物美价廉，方便省事的食物和服装，所以比起其他的内容，一份杂志上符合他们要求的产品广告会受到他们更多的青睐。但是如果标题或者图片没有透露出这些讯息，那么他们也就无从而知了。

较之于撰写广告内容，广告作者将更多的时间和精力花在了研究广告标题上。通常一个标题就是好几小时，很多标题写了又改，改了又弃，直到自已满意为止。一个广告所有的回报就是它成功地吸引到了目标读者。只有当它们得到了读者的关注，最好的推销术才有机会一展身手。

标题的显著不同体现在与之相应的反馈上，这也是本书大力推崇的方法。同样的广告内容配上不一样的标题会得到完全不同的广告反馈。所以一个标题稍加改动竟增加了 5 至 10 倍的回报也就不足为奇了。

因此我们会比较不同标题带来的效果直到我们找到最佳的那一款为止。当然，面对不同产品，情况也各不相同。

在广告文案撰写人面前会有 2000 个不同标题的反馈情况，它们都是用于宣传同一个产品。除了标题有所改变以外，这个商品的广告内容几乎一模一样。但仅仅因为广告标题不同，得到的反馈就千差万别。通过我们记录下的每份反馈，我们可以很清楚地知道应该采用哪个标题。

这种方式可以让我们找到哪类广告标题有最广的受众群，即哪类标题最受读者欢迎。一件产品有多种功能，它能美容养颜，能抵御疾病，还能有助于保持美观清洁。我们需要弄明白的是这几类特性中，哪类是我们读者最想要的。

这样做并不是要我们摒弃其他产品特征。一个产品的广告诉求带来的回报也许只有另一个的一半，然而它的利润依然可观。我们不会放过任何一个可以盈利的机会，但是我们也懂得分寸，知道广告标题的哪个部分可以吸引特定的读者阶层。

因此，我们采用了大量不同的广告。如果我们在 20 个杂志上进行刊登，那么我们也会准备 20 份不同的广告，这是因为杂志的发行存在重叠，而且每一份广告会吸引到一部分人，我们希望这些广告能覆盖到他们所有人。

比如，一个肥皂广告，如果它的标题是"保持清洁"，那么它只能吸引到很小一部分人，因为这样的特征实在是太普通了。如果改成"不含有动物脂肪"，也不会得到多少人瞩目。如果换成"它很润滑"，这样标题就有趣多了。

但如果这个标题能涉及该款肥皂具有美容嫩肤，改善面容的功效，那感兴趣的读者数量又会要翻几番。

一个汽车广告可能在标题中会提到该车具备高性能的万向接头，但这样说未免太单调贫乏，因为很少有汽车买家在买车的时候会考虑到万向接头的问题。如果将这份广告标题改为"运动车型佼佼者"，吸引力可能就会上升50倍了。

这些案例充分说明了标题的重要性。任何一个重视标题的人都会惊叹它对于广告效果的巨大影响。商家自认为最好的产品卖点却很少是大众反响最好的，因为我们无法接触到足够多的人来统计他们的需求，所以我们只能通过试验的方式来获得相关产品的数据。

但是所有这些试验的背后都有固有准则原理的支撑，你的广告面向的是数百万的人。在他们之中或多或少，都会有一部分人群，正是你想要取悦的。找到这些人，然后尝试用广告打动他们，产生共鸣。如果你是在宣传胸衣，男人和小孩就不会对你的产品感兴趣。如果你是在推销雪茄，对于不抽烟的人来说，它们就毫无用处。正如剃须刀不会得到女人的注意，胭脂也提不起男人的兴趣。

但是不要以为这几百万人会仔细阅读你的广告然后甄别是否需要你的产品。他们顶多只会瞄一眼，通过标题或者图片决定有没有必要继续阅读。所以你要做的只是针对你的未来买家做广告。

❻ 好奇心是人类最强的动机

精明能干的广告人必须懂点心理学，而且越多越好。他必须知道哪些特定的因素会引发哪些特定的反应，并通过这些知识来提升结果，避免错误。

自古以来，人类的天性都是恒久不变的。在很多方面，现在的天性和恺撒统治时期人们的天性表现皆如出一辙。所以心理学的原则标准是固定持久的，你没必要刻意抛却这些前人的经验知识。

比如，我们知道好奇心是人类最强的动机之一，我们应该在任何时候利用到它。"膨化小麦"和"爆米花"的成功很大程度上就是因为好奇心在起作用。"谷粒膨胀到平时大小的 8 倍""从枪里射出来的食物""每颗谷粒承受过1.25 亿次蒸汽爆炸"，直到这些数据被发现，这些食品才顺利进入了人们的餐桌。

我们知道"廉价"并不是一个强有力的噱头。美国人很奢侈，他们喜欢讨价还价买到的商品而非便宜货。他们想要的是自己能吃得精致、穿得优雅的能力彰显。如果你的表现没有让他们这种富足感得到满足，他们就会厌恶你的态度。

我们同样也明白人们普遍将价格作为商品好坏评判的标尺，因为大多数的人都不是商品鉴定的行家。曾经在英国国家美术馆有一幅画作展品目录上显示的标价是 75 万美元。大多数人初次见到这幅画时都只是匆匆看上一眼就走了。当他们看到展品目录意识到那幅作品身价不菲时，然后他们又会走回原处去观赏它。

一家百货商店在一次复活节的时候推出了一款售价1000美元的帽子，之后慕名前来观看的女士将这个商场围得水泄不通。

这些原理常常被运用在我们的心理学中。我们现在宣传的也许正是一套宝贵的公式法则，当然，如果我们只是口头上对你这样说，你压根就不会相信。于是我们补充了"实际上，为了得到这个公式我们先后投入了10万美元"这样的声明，一旦被说出来，世人对它的价值就会刮目相看了。

很多产品出售的时候都会附带保证单，这样的销售方式已经随处可见，人们已经没有新鲜感了。但是有一家广告公司就靠提供经销商的保单大赚了一笔。对于已付款的商品，如果消费者不满意，根据保单要求，经销点会退还全部款项。所以不是遥远而陌生的公司，而是你家附近的一个分点就可以给你保单。看到这个方法效果不错，很多商家也跃跃欲试，而且事实证明这个方法确实总是有效。

很多广告都有这样的台词"试用7天，如若您有任何不满，我们都会退还全部款项"，同时也有人想出另一个营销理念，那就是不需任何费用，就可以直接使用产品。他的口号是"若您喜欢，7天再付"，这比前面的方法就更有吸引力多了。

一位伟大的广告人曾经用下面一段话阐述了这两种营销方法的区别：一天，有两个人同时来找我，他们都是卖马的，给出了同样的报价。他们的马都是好马，温顺友善，小孩子都可以放心骑。其中一个人对我说："把马领回去试骑7天，如果我说的有半点不实，回来找我我退您全款。"另一个人对我也是说"试骑7天"，但他后面又补充道："如果您满意，再回来找我付清全款也不迟。"毫无疑问，我买下了第二个人的马。

现在，不计其数的商品——雪茄、打字机、洗衣机、书籍等都是以试用的方式售卖给消费者。我们发现大部分的人其实都是诚实守信的，所以运用这样的营销模式，我们也很少会有损失。

一位广告客户向商界人士推出了一套丛书，但这个产品却鲜有人问津，广告也一直没有盈利，于是他找了一个行业专家指点迷津。专家首先对广告设计进行了肯定，内容新颖，别具一格，价格也很有吸引力。"但是"，专家说道，"让我们稍微加入一点东西。我发现有个方法特别有效，那就是在每本书上都用烫金字写上买家的名字。"广告商听取了意见，照这样做了，同时对广告的另一处也稍作了修改，然后原本滞销的书籍一下子就卖出了几千本。正是由于人类心理学的某些奇想，烫金名字才为书本带来了大幅增值。

　　很多卖家都会赠送备忘录之类的小礼物给消费者，但是收效甚微。有个商户的做法有点与众不同，他直接给每人写了一封信，大意是他的店里准备了印有顾客名字的笔记本，如果你想要可以直接向他索取，索取的形式附在了信封内，同时还需要填写部分信息。这些信息让他了解还有哪些产品可以卖给顾客。

　　我们发现，几乎所有人都填写了索取表并且提供了个人信息。当人们知道一样东西属于他的时候，比如那些写有他们名字的东西，他们就会不遗余力地想得到它，尽管他们这个东西也许一点也不值钱。

　　用这个办法，我们也发现针对某类特定人群所进行的推销比针对全体人群的推销效果要好很多。例如，一些产品的服务对象是战后老兵，某个团体派别成员或是行政主管这类特定人群。这些拥有某种特殊优势的人都会费尽心机保留住这些优势。

　　有一位广告客户饱受假冒产品之苦。他在广告中打出了"擦亮眼睛，谨防假冒""千万要认准本品牌"等诸如此类的话语，但是一点用都没有。这些都是自私自利的宣传。

　　然后他又将标题改为"不妨试试其他同类品牌"。他主动邀请顾客货比三家，而且一点也不惧怕他的竞争对手，这样一来局面就得到了扭转。消费者们会谨慎地认为这个产品肯定十分优秀所以它才敢挑战其他品牌。

有两个厂家宣传的一种食品几乎一模一样，他们为读者准备了一整袋原物大小的产品作为试用。其中一家免费为顾客提供，另一家则是付费买下再给顾客。消费者可以通过优惠券在任何一个商店兑换一袋产品，因为这相当于厂家帮你承担了货款。

最后的结果是，第一个厂家失败，第二个成功了。第一个甚至还把很多他之前打下的市场也丢了，因为免费赠送了价值15分钱的产品，所以他的商品也就产生了相应的贬值。而且一旦你的某件产品免费了，你想再让人掏钱购买就很难了。这就好比在你用惯了通行证坐火车，突然被告知要买火车票一样。

另一个通过自己购买产品给顾客使用的这种方式，为自己的产品赢得了尊敬。如果一件产品好得可以让制造商自掏腰包那么它肯定也可以让消费者乐意为其买单。卖家垫付15分钱让你使用商品和只是简单的一句"这是免费的"的消费体验是完全不同的。

其实样品的使用也是这样的道理。给家庭主妇一些她们并不需要的产品，她们不会对其予以重视也无意探究它的优点。但是让她在阅读完你的广告或是听完你的解说之后再让她主动问你要样品，她的看法就完全不一样了。她知道你的主张和目的，同时也对你的产品感兴趣，否则她就不会主动索要样品，而且她也想检验你的描述是否属实。

心理印象的表现有很多种。给5个人5个完全一样的产品，他们都可能从中挑选一个自己满意的。但是特意向他们指出其中一个的某些属性，那么他们都能顺利找到这些特征，最终无一例外地得到同样的选择。

两家毗邻的商店一起通过分期付款的方式销售女士服装。显而易见，它们的主要服务对象是那些手头不宽裕但是渴望打扮得更漂亮的女孩。其中一家店铺直接把她们作为穷困女孩这样的消费群体来对待，生意一直惨淡。

另一家店铺则选择了一位和蔼可亲、优雅大方又精明能干的女士作为负责人。以她的名义和她的照片做宣传，同时在所有产品广告和信件上附上她的亲笔签名，以朋友的口吻和这些女孩沟通，她自己知道如果一个女生不能衣着精致意味着什么。她曾经一直在寻找机会为女性提供满足她们全年需求的优质衣服。现在有了这家商店老板的大力支持，她可以实现这个心愿了。

这两家服装店提供的服务在吸引力上没有任何可比性，所以，不难想象，第二家商店开张没多久旁边那家经营了几年的老店就关门了。

这家服装店的老板同时也经营着一家分期付款的家居用品公司。如果随意分发产品目录，可能只是收效甚微。但是如果能提供长期信贷，也许会有不错的反响。

但是如果有一位已婚妇女从那位某女士那里买过衣服，并且如约付款的话，他们就会写给她如下一段话："我们认识的某女士告诉我们，您是她最尊敬客户之一，她表示和您的合作相当愉快，所以我们特意为您在我们公司开通了信用账户，任何时候您都可以过来使用。当您需要家居用品时，就请联系我们。不需要提前支付任何费用，不需要个人调查，因为能为像您这样被推荐的客户服务是我们的荣幸。"

这就是恭维奉承。所以可想而知，当这些人想要家居用品时她们就会直接从这家公司购买。

心理学涉及的方方面面无穷无尽，一些人天生就知道这些知识，他们中很多人从自己的经验教训中汲取这些知识。但是我们主要还是从别人身上学到的这些知识，当发现一个好方法时，我们会将它记录下来，一旦时机成熟就会拿来派上用场。

上述都是非常重要的知识和经验。相同的产品以不同的方式去推广营销，也许会带来不同的收获。在商业经验这座宝库中，我们必须设法找到最佳的那套方法。

❼ 不要编造谎言，因为你做不到天衣无缝

陈词滥调和泛泛而谈就像流过鸭背的水，毫无痕迹，根本就不会给读者留下印象。"世上最好的""历史最低价"等诸如此类的口号，充其量也就是简单陈述了一下消费者的心愿。但在这类标语中，哪怕是最好的也依然会以失败收尾，因为它们向人们展现的是松散的表达语言，随意的产品描述以及夸大宣传的嫌疑，甚至会让读者对你所有的描述都产生怀疑。

在人们看来，销售用语和诗歌创作一样具有夸大其词的成分。销售员可能会用十分诚恳的语气说："这是市场上质量最好的产品。"尽管他也许知道，其他品牌的产品质量和他的不相上下。销售员想发挥出他们的最高水平，对此人们能够理解，所以也就原谅他们因工作热情而导致的过度宣传。但正是由于过度宣传司空见惯的原因，中规中矩的宣传反而没多大用处了，喜欢大肆渲染产品的推销员必须知道，消费者肯定会对他说的每句话打折扣的。

能对产品进行详细解释的人，不是在描述真相，就是在编造谎言，人们不希望推销员撒谎，因为天下没有天衣无缝的谎言。人们对广告越来越尊重，主要是因为广告的可信度在持续增加。

清楚明确的陈述往往容易被接受，真实可靠的数据通常也不容易受人怀疑，详细事实的价值和影响力不会被削弱。

这一点在广告和推销过程中格外需要注意。对一件产品描述得细致，其价值通常也会随之提升数倍。如果只是说钨丝灯比碳丝灯释放出来的光更亮，

你也许还会半信半疑，但如果换成钨丝灯的光是碳丝灯的光的 3.3 倍多，那么人们就会知道你对此做了测试和对比。

经销商如果说："我们降价啦。"这样的话给消费者留不下任何印象。如果这句话是"我们的价格下降 25% 啦"，消费者就会予以重视。

一位邮购广告商为贫困人群提供女士服装，几年以来他的宣传口号都是"美国最低价"。他的竞争对手们也学着他都用了这个标语。于是他又向顾客保证自己的商品价格比别家的低，他的竞争者们看到了也照着他的方法这样做。很快，这个行业的每个广告商都知道了这些宣传口号，它们变得随处可见，毫无新意。

之后，他采纳了可行的建议，将原来的宣传语改成了"我们的净利润只有 3%"，这种确定的表达给他们的销售带来了很好的效果。很明显，这个贸易额数据显示，他们的价格一定是行业内最低的。没有人可以在利润低于 3% 的情况下，还能将生意经营下去。果不其然，第二年他们的业务量就得到了惊人的提高。

汽车业曾经一度被认为是利润丰厚的行业，然后一位审慎的广告商站出来，声称"我们的利润只有 9%"，接着他援引了一辆售价 1500 美元汽车的真实数据，这辆车仅人眼看不见的零部件成本费用就已经高达 735 美元。这位广告商当时就通过那句话获取了巨大的成功。

刮胡皂长期以来宣传的噱头就是"丰富的泡沫""保持面部湿润""快速省时"等。每个广告商基本都是直接套用这些千篇一律的宣传口号。

之后有家新企业进入了这个行业。当时行业发展已经十分严峻，几乎所有的客户资源都被已有的公司瓜分殆尽。于是，这家新企业开始以详细数据作为宣传口号，"我们的泡沫是原有的 250 倍""一分钟即可柔顺胡须""丰富的乳脂在面部可以维持 10 分钟""最后的成品是对 130 种配方测试和比对的结果"。也许从来没有哪个广告，能像这个广告一样在当时艰难的市场环境下，在很短的时间取得了显著的成功。

安全剃刀长期以来以其干净利落、快速剃须的体验著称。但有一个经销商采用了与众不同的做法，他将这些笼统的标语改成了"剃须只需 78 秒"，这个精确的数据同时也表明它的产品接受过实际检测。凭借这个宣传，剃刀的销售额立马就有了新的突破。

同样的案例也发生在啤酒广告上，以前的啤酒宣传主要是打着"纯啤酒"这个口号。这样的标语看起来平淡无奇，无法给人留下深刻的印象。口号字体用得越大反而越显得愚笨。在目睹了几百万的资金浪费在平庸的广告词里颗粒无收之后，一位啤酒制造商决定采取另一种广告方式，他在广告上描绘了一个充满了过滤气体的平板玻璃房，用于冷却和储存啤酒。又画了一个白色木浆的过滤器，每一滴通过过滤装置的液体都异常澄清。他详细介绍了每个瓶子用机器清洗 4 遍的步骤；为了获取纯净的水源不惜跋涉 4000 英尺的经过；为获得啤酒无与伦比的风味，通过 1018 次试验才找到酵母的过程，以及如何从这个母细胞里得到源源不断的酵母的过程。

所有这些步骤每个酿酒师都知道得一清二楚，它们是酿酒过程中最基础的部分，但是在其他人只会嚷嚷着"纯啤酒"的时候，他却是第一个向人们介绍这些知识的啤酒商，因此他取得了啤酒广告历史上最大的成功。

仅仅说"全世界都在用"，这样的话很宽泛不具体。但是改为"52 个国家的人都在用"，很多消费者听了就会跃跃欲试了。

详细描述与空泛口号的占用空间可能相差无几，但是前者的宣传效果却是后者的好几倍，它们带来的收益也相差甚远。但凡值得表达的广告词都应该将它们以最引人注目的形式呈现出来。

所有这些影响都必须好好研究。用广告进行营销是非常昂贵的，每输入一个字也许就要花去 10 美元。一个销售员的随意言谈对整个企业生意的影响很小，但是当你耗费巨额资本面对几百万的人群进行广告宣传时，你的每一个字就意义重大了。

笼统概括的语言没有任何作用和价值，这就好比当你问别人"近来可好？"时，你只不过是在礼貌寒暄而并非真的询问健康一样。但是广告中每一段详细文字都有它对应的价值。

❽ 一旦你抓住了顾客的目光，就应该将对他的期望全部吐露出来

不管你准备用何种标题来吸引读者注意，你的广告都应该呈现一个相对完整的内容。如果你留意广告的反馈情况，你会发现某一些诉求会比其他诉求更受欢迎。但是就一般情况而言，很多诉求对众多的读者都具有吸引力。将这些诉求运用到每一个广告中去，它们的影响力就会辐射到那一部分人群。

有一些广告商，为了简洁明了，每次只表示一个诉求，要不就是准备一个广告系列，这期没说完，下一期再继续。这是最愚蠢的一种做法，这些系列广告在逻辑上几乎毫无联系。

一旦你抓住了某个人的目光，你就应该将你对他的期望全部吐露出来。展现你产品的所有优点，介绍它们的方方面面。一些人可能只会对第一点感兴趣，而另一些人可能会对第二点感兴趣，遗漏了任何一点都会丢失掉一批客户。

对于任何一类商品，人们都不习惯接二连三地阅读广告。只有新闻或者小说，人们才会乐此不疲地阅读第二遍。在浏览完一遍广告内容后，对广告的主张是赞成还是反对，读者心里其实已经有数了。这个决断也会影响他对产品广告的第二次阅读。所以一旦你的广告获得了读者的关注，你都应该不遗余力地向他展示你的每一条重要诉求。

最好的广告商就会这么做。通过对比各种广告标题的结果，他们知道哪类诉求更受消费者青睐。渐渐地，他们收集了一系列可供使用的重要诉求，

之后，这些诉求就会出现在他们的每个广告中。

对于那些会把所有广告耐心看完的读者而言，这些广告似乎都千篇一律，讲的内容也总是差不多。但是我们必须要明白的是，我们的读者很可能只会看一次你的广告，所以一个广告中没有透露的信息也许再也不会有机会让他知道。

还有一些广告商的广告自发行以来竟然从未做过改动。如同简单的邮购广告一般，一用就是好几年，而且广告效果也不见下降，一些普通广告也是如此。这些都是至臻至善的作品，用我们已知的最佳方式，传递着人们要说的话。广告商并不指望他的广告会被看第二遍，之所以还持续使用这些广告，目的是赢得新的读者。

每个广告考虑的只是新的客户。用过你产品的消费者不会再有闲情看一遍你的广告，因为他们已经看过，而且也做了决定。你也许耗时数月在广告上向人们指明，他们用的产品其实是有毒的，但是他们也许永远不会知道。所以除非你能在广告标题中标识出来，否则不要浪费任何一行版面对已有用户做无谓的说明。永远牢牢记住，你面对的那些潜在消费者，他们现在还不是你的客户。

愿意看你广告的人皆是对广告内容感兴趣的，否则他根本就不会留意到那一页。所以你所面对的其实是一群愿意听你讲故事的听众，你要做的是拿出你最好的水平。如果你现在让一个人失望了，那么他也许再也不会看你的广告了。

此刻的你就像一位站在客户办公室门口的销售员，你的客户事务繁忙，无暇顾及你的宣传。你也许一次次都在争取进入办公室的权利，但是一次次都没有成功，现在这是你能向他介绍产品的唯一机会，你必须好好把握它。

这里又要再次提到简洁的问题。关于广告，你最常听到的观点就是人们阅读量不大，但是大量高回报的广告却表明，其实人们的广告阅读量很大，他们会为了一本书写信，也许只是想得到更多信息。

对于"简洁"的要求并没有固定准则。像口香糖这类广告，一句话可能就是一个完整的内容，麦乳这类产品可能也是这样。但是，不论广告描述是长是短，一则广告的内容在逻辑上都应该完满。

某个顾客想买私家车，他对价格倒是不怎么在意，他想要一台能彰显他身份地位、给他带来高贵感的车，不然他根本就不会有驾驶的欲望。但同时他又是一位商人，他希望每一笔花出去的钱都有价值。

他倾向于买劳斯莱斯，也曾考虑皮尔斯箭头、自力推动车或者是其他车型。但是名牌车的介绍信息实在太少，它们的宣传广告也是十分简短。显然，它们的厂家觉得宣扬自己产品的优点不是什么体面的行为。

与之相反的是，马蒙牌汽车向读者事无巨细地说明了产品的信息。所以在看了这个品牌的专栏和书籍之后，他最终买了马蒙，也从未后悔自己的决定。但是之后他了解到另一辆车的情况，价格几乎是他现有车的 3 倍，如果当时他买前知道了这些信息，那么他很可能就会买那辆车了。

由此可见，只是在标题上一味地打着商标名，顺便附带几句简单的常用标语是多么愚蠢荒谬。一辆车对买家而言也许就是一项终生投资，具有重要的意义。所以只要产品说明书足够有趣，有意购车的人就会耐心把它读完。

其他行业也是这样。也许你只是简单地想改变某位女士的早餐食材、牙膏或者肥皂的消费习惯。但是她已经适应了这些用品，也许她已经用了它们好几年了。

这是一个艰难的主张。如果你相信自己的建议可以实行，你就应该亲自拜见她，然后尽力让她做出改变。不是让她为了让你高兴而买下第一件产品，而是让她从心底里接受你的品牌。这样做的销售员，不会只站在她家门口做一段简短的宣传，也不会说"我只需要一句话就可以介绍完"，不会直接吆喝产品名和标语，也不会胡乱吹嘘。

那些对结果进行追踪调查的人，不会寥寥数语就介绍完一件产品。简短的广告对于销售没有作用，每一份成功在案的广告都会有产品的完整介绍，尽管这样做意味着需要更大的空间来报道。

不要选择那些没有追踪反馈的广告做参考，不要听从那些无知外行的广告商的建议，也不要被那些弄不清状况的人带入歧途。运用广告的基本常识，避开那些连自己方案结果都一无所知之人的观点和判断。

⑨ 任何高昂的支出都必须卓有成效

广告上刊登的图片都十分昂贵。其中不仅有美编的制作费用，还有广告的版面费。三分之一甚至是一半的广告都将赌注押在了图片的效力上。

任何高昂的支出都必须卓有成效，否则就是对资金的浪费。所以研究广告中的艺术具有至关重要的作用。

图片的作用不是为了增添趣味、吸引关注或者装点广告，这些目的可以通过其他方式达到。广告也不是为了取悦大众而存在。你所写的内容不是为了逗乐民众，你所写的是一个严肃的话题，一个花钱消费的话题，所以你所针对的读者只是为数不多的小部分人。

使用图片只为吸引可以带来利益的顾客。只在同样版面，比文字更有销售噱头的情况下才使用图片。

正如我们提过的，邮购广告商对于图片的设置有着严格的规范和技巧。有些广告使用大图片，有些采用小图片，有的直接不要。有一点值得注意的是，所有的这些广告都不会在美工上花大价钱。可以确信的是，所有这些东西都是因为富有成效才会被使用。

其他的广告商也应该采取同样的原则。如果他的行业尚未有成功的广告先例，他应该通过试验得到自己的一套方案和准则。将一大笔钱砸在收益不明的风险投资上显然是不理智的。

不要忽略掉那些本来就需要呈现产品图片的行业，对于大部分的商业公司而言，图片是广告的主导因素。像某些企业，比如"箭牌"领饰以及服装广告，插入图片就是产品最有说服力的筹码。图片展示的不仅是领饰和服装，还有那些让大家钦慕渴望的俊美男人。广告的目的是在暗示这些华丽的衣服，将会助你成为广告中让众人追捧的角色。

函授学校的广告也体现了这一点。它们的广告根据调查结果设计。在照片上刻画一群上层成功人士或者一群正在取得进步的人，可以对人们形成强有力的视觉效果。

美容用品也是如此。拍摄那些令人仰慕而富有迷人气息的女性就非常有诱惑力。如果在广告中还能配上一个被迷倒的英俊男士图片，效果就会好很多。女为悦己者容，女性追求美丽多是因为男性。因此，在我们的广告中就要体现这一点。就像女性在日常生活中所做的一样，在广告中我们要向她们展示如何利用美貌获取想要的效果。

广告图片不应古怪猎奇。不要对自己的产品轻描淡写，也不要尝试用轻佻无聊的话语冲淡了人们对你和你的产品的尊重。人们不会资助一个小丑。有两点是决不能以玩笑对待的，一个是工作事业，一个家庭生活。

一幅奇怪另类的图片可能会给你带来严重的损失。戴上小丑的帽子，你也许能获得众人的关注，但是你的销售前景也将毁于一旦。

稀奇古怪或者独具一格的图片会转移顾客对于你的产品的关注力，这是你承受不起的。标题是你的主要广告诉求，如果你的图片掩盖或冲淡了它，你的诉求也就没了。千万不要为了获得大众和毫无价值的关注而牺牲掉了你原本想吸引的人。

不要模仿那些衣着鲜艳惹眼的推销员，他能迎合到的那一小部分人，常常都不是他想要的顾客。大部分节俭的明白人都会从心底里看不起他。当你还在找寻自信和获取别人的信任的时候，不要标新立异，而应保持正常。

这样宽泛的原则并不适合所有图片，大多数原则都有例外。不同的场合和行业都需要逐个调查研究。

但是，有一点是不变的，图片必须有助于产品推销。在相同的版面空间下，它应该比其他营销方式更有助于产品销售，否则还不如换用其他方法。

实际上，很多图片对于产品信息的表达比文字的效果还要好。在"膨胀谷物"的广告中采用的谷物图片就十分有效，它们激发了读者的好奇心。在这个主题上，其他的文字表达都无法达到谷物图片这样的效果。

但有些图片带来的则是彻底的损失，这类案例我们在前面也曾提到过。和许多其他问题的解决方法一样，探明的唯一方法就是将不同图片的反馈结果进行对比。

对于广告美工中存在着的一些有争议的话题，我们之后会进行客观的讨论。根据广告所在的行业不同，制作精良的美工和普通平凡的美工这两种方法似乎都可以。

但哪个的效果会更好呢？有些广告商在每幅插画上花费了近2000美元，他们觉得广告版面费昂贵。相比之下，这些美工费就少很多了，所以他们认为最好的美工值这个价钱。

其他广告商则认为很少有人接受过正规的艺术教育，真正的艺术鉴赏师凤毛麟角。他们提出了自己的看法，并以极小的成本代价证明了自己的观点。邮购广告商基本就是属于这类。

这其实是个无关紧要的小问题，精细的美工和粗糙的美工带来的效果都差不多，而且和插入广告的版面费相比，这些前期广告的准备成本可以说是很小了。

那是不是每一张广告都需要使用新图片呢？还是以前使用过的图片可以重复使用呢？这两个观点都有大批的拥趸。支持第二种观点的人很可能是因为重复使用可以节约成本。我们始终追求的是新客户，他们不可能还记得我们之前采用过的图片，即使他们记得，重复使用图片也不会减损我们的收益。

使用彩色图片是不是要比黑白图片的效果好呢？根据我们收集的数据来

看，结果通常并非如此。然而凡事都有例外。一些食品菜肴采用彩色图片，它们的视觉效果就会好很多。橘子和甜点等产品的测试就表明彩色比黑白的效果好，因为彩色图片更接近实物的状态。

但是色彩本身就是用来愉悦视觉和获取人们注意力的，这点和其他我们用来满足此目的的工具一样，它也许能瞬间抓住许多人的目光，但是它不能确保吸引到的每一个人都是我们的目标顾客。

在这里，基本规律又派上用场了。不要只为了消遣娱乐、博人眼球而打广告，这不是你的职责。你应该以尽可能低的成本来赢得产品买主的喜爱。

以上提到的其实都是小问题，它们只与资金有关，不会对广告的结果有太大的影响。

你所做的事情有些会事倍功半，而有些则会事半功倍。与基本原则相比，这些小成本、小支出都不重要。有人在简陋的小茅庐里做买卖，有人在金碧辉煌的宫殿里谈生意。这些其实都不重要，重要的是谁有能力获得最大的回报。

⑩ 有些不太受人欢迎的卖点仍然值得你考虑

广告中很多事情因为成本过高，而无法一一尝试。这也就是为什么我们要在已知范围的成本和结果下，对每个项目计划和手段方法比较考察和斟酌决定的原因了。

改变一个人的生活习惯需要投入很大的成本代价，所有涉及这一点的项目，都必须认真考虑。要想将刮胡皂卖给俄罗斯的农民，首先你需要做的就是改变他们蓄胡须的习惯，这样做的成本太高。然而无数的广告商仍在尝试这种几乎不可能的任务，只因为他们对问题缺乏细致考虑，而且对结果也一无所知。

例如，贩卖牙膏的广告商可能会花上几个版面和大笔的资金用来教育人们刷牙。我们已知的测试结果显示，每发展一个客户，就需要 20 至 25 美元的成本，这不仅仅是因为广告本身有难度，还因为大部分看这个广告的人都已经有刷牙的习惯了。

这样的成本当然是我们无法想象的，他也许卖一辈子的产品也赚不回来。通过试验明白这个道理的商人，不会试图教育人们去培养刷牙的习惯。大规模营销都不能盈利的生意，小范围运营也同样行不通。所以任何广告都没有这样做。如果广告客户能严格估算每份广告的成本，那他就能获得非凡的成功。

曾经有一位广告商下血本来倡导人们食用燕麦粥，结果收效甚微。所有人都知道燕麦粥，人们很早就听说过这种儿童食品。医生也宣传了它们好多年，所以那些不食用燕麦粥的人很难被说服吃燕麦，也许他们的这种排斥本来就是无法消除的。即使有成效，这样做的成本也会超过全部可能会有的回报。

很多广告商知道也承认这些事实，所以他们不会将全部的广告压在这些不可能成功的产品上，但是他们会腾出广告的一小部分空间来宣传它们，这其实犯的是同样的错，只不过把范围缩小了。这些都不是正确的商业之道。

没有哪个橘子栽培者或者葡萄干生产商能靠一己之力增加市场对这些水果的需求，这样做消耗的成本将会是收益的千倍。但是几千个生产商联合起来，却可以在这个行业或者是那个行业做到这件事。一个广告发展的巨大可能性就在于此。很多食品的消费水平可以以这种方式进行提高，扩大收益，但是它的实现必须依靠业界广泛的合作。

没有哪个广告商可以劝说人们使用维生素或者杀菌剂，这些都是当局和相关管理部门的工作，他们可以通过无数免费的栏目来宣传。但是通过将产品介绍给这些已经接受劝导的消费者，然后满足他们的需求，广告客户就能取得巨大的商业成功。

观察一个潮流趋势的成长以及新的顾客需求的诞生，是一种精明敏锐的行为。然后一旦时机成熟，就可以恰到好处地满足这些新生的需求。酵母粉和多种杀菌剂就是以这样的手段营销的。因为每年都有新的时尚潮流或者重磅影响力成为流行风尚，所以这个方法每年都可以派上用场。但是利用潮流和制造潮流，或者是在自己的行业领域里创造一种新的消费品位犒赏同行，就是另外一码事了。

我们知道，有些产品在全国有近一半的家庭在使用，比如，达氏消毒液。但是它的日常消耗非常少，一小瓶可以用上几年。平均下来，买一瓶只需花费 1.5 美元，这样的盈利也许 10 年都平衡不了为争取顾客而付出的成本。

单件物品的邮购促销业务虽然大受欢迎，但是它们每件商品耗费的成本很少低于 2.5 美元。所以我们推测，经销商在推销类似商品的时候也会花费近似的成本。对于任何一次性出售的商品，我们都应该考虑到这些因素。也许一个用户会带动另一位客户，但是如果按照邮购广告的要求来调查结果，那么很多现行的广告计划都会搁浅。

代价高昂的错误主要是因为盲目听信了欠考虑的建议而造成的。例如，一件产品有多种用途，其中之一就是预防疾病。尽管抵御疾病十分重要，但是人们对其一般都不太重视。人们愿意花力气来治疗疾病，但是却很少愿意采取预防措施。众多令人失望的案例都证实了这一点。

所以将大笔资金投资在疾病预防上也许成效甚微，而将同样的资金投资在其他方面则会带来多倍的销售额。某种诉求的标题可能比另一种诉求的标题效果好上几十倍。如果没有发现这个要领，广告商就会要走很长的弯路。

牙膏有助于防止蛀牙，同时它也兼具美白牙齿的功效。调查测验显示，后者对于顾客的吸引力是前者的数倍。所以那批最成功的牙膏广告商不会在他们的广告标题上提到蛀牙问题，因为试验证明顾客对它们不感兴趣。而其他同行却将重心放在了蛀牙问题上。之所以出现这种情况，是因为他们没有调查和比较广告结果。

一款有助于除湿疹的肥皂同时也有改善面容的作用。100 个人中可能会有一个对除湿疹这个效果感兴趣，然而美容这个功效几乎可以吸引到所有人。提到"湿疹"这个词甚至都会影响对于美容这个卖点的宣传。

有人研制了一种治哮喘的药品。它缓解了他自己的哮喘，因此他认为这个产品可以通过广告大肆宣传。在这方面，我们缺乏该类产品相关的数据。我们不知道全国有多少人患了哮喘。一项调查显示的结果是，全国有 1% 的人患有这种病。如果情况真的是这样，他的广告就需要覆盖 100 个对他而言毫无价值的读者才能找到一位目标顾客。此时如果另一项产品有五分之一的适用人群，那他的成本消耗就是别人的 20 倍了。这些多出的成本对他而言可能就意味着一场灾难。因此，每个宣传新产品的广告商都应该寻求他人有利的建议。任何一个真心了解广告的人都不会建议你冒不靠谱的风险。

有些不太受人欢迎的卖点仍然值得你考虑。它们会影响到一部分人，比方说你四分之一的潜在客户。每个广告都应该涵盖这个噱头，你也可以在广告标题中凸显这些优势。但是这些都不是凭空臆想猜测得出的结果，具体的数值应该根据现实情况 —— 通常是追踪反馈的结果来决定。

这一章和其他章节一样，指明了弄清广告结果的一个重要原因。这是科学的广告不可或缺的一大要素。安全的广告营销需要它，最大的利益获取也需要它。

如果广告业是在黑夜中的摸索前行，那么所付出的代价也许足以冲抵国债，它们堆砌起了广告业的墓地，同时也让成千上万的原本可以获利凯旋的淘金者铩羽而归，而那些现在引领广告界走向新时代的东西正是知识的曙光。

⑪ 广告业永远容不下懒人

广告创意人员想要获得成功就必须全面了解他的广告对象。广告部门的资料室应该提供所有尚待研究的产业的相关书籍。辛劳勤勉的广告人为了解决某些棘手的问题，常常会花上几个星期的时间来钻研资料。

也许看完几本书也没有找到解决问题的方法，但是，有时某个事实就可能是成功的关键。

我刚刚阅读完大量关于咖啡的文献书籍，它们涉及医学和咖啡的方方面面。看这些资料，是因为我在替一种不含咖啡因的咖啡做广告。在这成千份科学文献里，有一份解释了这种产品广告推行的可行性。咖啡因只有在饮用咖啡两小时之后才能发挥作用，所以人们通过喝咖啡来获取的直接刺激感和提神醒脑的作用其实与咖啡因无关。去除咖啡因并不影响咖啡的效果，同时也不会改变咖啡的口味，因为咖啡因本身就是无味的。

无因咖啡已经推行了许多年，但是人们一直把它们当作普通咖啡的低浓度版本，这几周的阅读研究让我们对它有了新的了解。

为了宣传一款牙膏，我同样也阅读了大量枯燥乏味的牙膏科学书籍。我在所看的一本书中找到了一个方法。通过这个方法，牙膏商获得了百万盈利，同时他的牙膏广告也轰动一时。

艰难困苦，玉汝于成。对于那些不舍昼夜、焚膏继晷的广告人，成功从来都不遥远。

在为一种食品做广告前，我们召集了130名员工，耗时几个星期采访了不同的消费人群。

在做另一个产品的时候，我们给 1.2 万名内科医生发送了信件，我们还会给成千上万的人邮递调查问卷，来收集消费者的观点。

一位年薪 2.5 万美元的商人在给他的乙炔气体装置做广告之前，在各个农场间辗转了数个星期，另一位拖拉机经销商也做过同样的事情。

在宣传一种剃须膏之前，我们对上千位男士最想要的剃须膏进行了调查。

为了推广猪肉和青豆，几千户家庭接受了产品调查。在此之前，所有猪肉和青豆的广告无一例外的都是按照"买我的产品吧"这样的思路做广告的。这项调查显示只有 4% 的消费者会选择罐装猪肉和青豆，剩下的 96% 的人则更喜欢在家亲自烘焙猪肉和青豆。

所以产品的问题并不是在于推销某个特定的品牌，所有这些努力都只能满足了 4% 的人的需求，我们真正需要做的其实是获得那些 96% 在家烘焙青豆的顾客的喜爱。事实证明，这样的广告赢得了巨大的成功。看不清市场实际需求的广告免不了失败的结局。

一项成功的调查涵盖的对象不应该只有客户家庭，还应该有其他的经销商，然后对竞争实力进行评估。

每个宣传相似产品的广告商，他们采用的广告诉求和方法都有记录在册。因此我们的第一步就是了解竞争对手正在着手的事情。

我们将这些事情交给剪报公司处理，所以任何与我们产品相关的文章报道都会交到我们广告创意人员的手里。

所有顾客或者经销商的反馈都会交由他们收集。

知道一个行业里的总支出也是十分必要的。我们必须知道一个消费者一年的支出，否则我们无法知道这个消费者是否值得我们付出这么多代价去争取。

我们必须了解总消费额，否则我们可能会有成本超支的危险。

我们必须了解产品消费人群占广告读者的比例，必须不断收集不同阶层人群的数据，这种比例在农村和城市会有所不同。广告花费的多少，在很大程度上取决于无效广告的发行在总发行中的所占比例。

所以通常一个广告在发行前会需要庞大的数据调查，有时甚至会模拟试验，因为有效的试验需要投入大量的人力和时间。

化学家的工作常常是验证或者推翻模棱两可的论断。如果广告商拥有良好信誉，他就可以让广告说辞给人留下深刻印象，如果他所说属实，他的话会在广告业掀起一阵波澜，如果所说为虚，他就要为自己的行为自食苦果，同时还可能会导致优秀的媒体不再为商户提供广告载体。广告商坚持了几年的论断到最后却发现是错的，这样的事情早已屡见不鲜。

精确详细的产品数据会给那些让人眼前一亮的广告宣言锦上添花，所以很多人研究广告其实是为了获得那些真实可靠的产品数据。举个例子，我们知道有款饮品含有很高的营养价值，如果单单只是强调它的高价值，很多消费者并不会买账。所以我们把它拿到实验室进行化验，发现该产品每品脱含有 425 卡路里，相当于 6 个鸡蛋的营养价值，这种说法就更容易让人信服并留下良好印象了。

每一条与科学细节有关的信息都需要一名检查员对其核实。广告撰写人不管他是多么的博闻强记，都可能会对一项事实产生错误的推导。所以每则广告都需要配备一位专业人士进行审核。

那些消息滞后对广告知之甚少的人，看到一个简单广告背后包含了如此多的努力可能还会感到惊讶。有时这样一个广告需要几个星期的辛劳工作。广告看起来很简单，因为它必须足够通俗易懂才能迎合普通大众的胃口，但是其实在这些简单广告背后隐藏着的是浩如烟海的数据、不计其数的信息以及长达数月的调查。

所以广告业永远容不下懒人。

⑫ 只有赢得一人心之后，才有可能赢得万人心

广告如战场，只是少了一些恶意中伤。或者你也可以将它看作是一场棋局，攻城略地，抢夺资源。

为了赢得战争，我们必须懂得相关技巧和知识；携带良好装备，接受严格训练，具备临场经验；拥有精良充足的武器，并且从不低估对手。正如前文所说，我们的情报部是最核心的部门，也正如后文将提到的，我们需要与其他商贩为盟。高瞻远瞩的策略是必不可少的，它能扩充我们的实力。

有时，新广告还会涉及命名的问题。这一点也极为重要，一个正确的名字本身就是一种广告。有些产品的名字就概括了产品完整的信息，比如"细面条""麦乳""爆米花""薄荷口香糖"和"棕榄香皂"等。

这对于产品宣传来说是一个得天独厚的优势，产品名通常都十分醒目。很多产品因为有个好名字，就直接取得了销售的成功，但是有些产品名却给销售带来了负面影响，比如烤玉米片，一个人创造出来的这种市场需求被太多人分享。

很多没有实际意义的新造词在产品推广上也获得了成功。这类代表有柯达、卡罗、马自达等，它们都是独一无二的。给这些产品起名的广告商，他们创造的优势根本就不会被其他人分享，一个有助于贯彻产品标语、让其深入人心的名字毫无疑问是一种极大的优势。能直接传达信息的品牌名肯定是价值连城的，所以在取名之前我们通常会需要进行大量的调查研究。

有时我们还必须商定产品的价格。产品价格过高容易让消费者产生抵触

心理，同时也限制了消费人群。为了获取更多利润，而付出了超出成本的代价，这样往往得不偿失。

利益最大化的一种经典途径就是薄利多销，金宝汤、棕榄香皂、卡罗糖浆以及福特车就是很好的代表。如果一个产品的售价只有 10% 的小众才能接受，那只会不断增加产品的销售成本。

但是在有些行业，价格对产品的销售影响很小，高利润才是关键。顾客对这些行业的产品需求量很小。比如，很少有人注意鸡眼药的价格，因为人们本来就用得少。所以面对甚少的需求，这些厂家必须制定高昂的价格以保证高额的利润。

另外一些产业，高价格反而是产品的卖点。人们大多根据这些产品的价格来判断质量的高低。如果产品的售价高于普通水平，那么产品的质量也会高于普通水平。所以售价常常是在这些产品营销策略中需要考虑的重要问题。

广告也必须考虑到行业竞争。你面对的对手有哪些？他们的产品在价格、品质或者宣传标语上与你的产品相比有哪些优势？当你知道了这些问题的答案后，你又有哪些方法可以用来反击？

你目前的对手有多强大？有些行业领域几乎是新手难以进入的，它们通常是那些市场常态已经建立起来而且已经深入人心的行业，它们的市场已经被垄断，新产品很难再进来，原有的企业有足够强势的资本来对抗外来兵。

这些领域也经常被新产品入侵，但这种入侵也是通过显而易见的产品优势和出色的广告营销来实现的。

与此相比，其他行业的竞争就要小多了。以一个新型剃须膏为例，几乎每一位男士都有一个正在使用的剃须膏。大多数消费者还是对自己的剃须膏比较满意的，很多甚至已经产生了对特定品牌的依赖，所以新款剃须膏，如果想改变这些客户长久积累的喜好，就必须有足够强劲的亮点

这些不是偶然努力就可以做到的，也不是漫无目的地定位人群，然后随

意瞎猜他们的喜好就可以做到的。我们必须要考虑到个体，那正在使用竞争对手产品的特定消费者。比如某位居住在普尔曼、正在使用他最爱的剃须皂的男士。如果你现在出现在他面前，你说什么才可以说服他使用你的产品呢？只有赢得一人心之后才有可能赢得万人心。

制造商也许会对你说，他的产品没有什么独到之处。产品虽然是好产品，但是和其他牌子的产品一比好像又没什么区别，可以获得一部分市场，但是却没有特色。然而，事实上，所有产品总会有它的广告诉求，只是生产商没有说出来而已。我们必须找出产品的这些闪光点，形成自己的优势。人们不会无缘无故地就改变一种已有的习惯。

销售还会涉及仿品以及如何防止的问题，这些仿品常常会偷走原本属于我们的生意，所以在最初的商业计划中，这一点就必须考虑到。你必须要有预见所有这些偶然事件的能力，并且事先做好抵御的准备。

很多行业里的开拓者在建立起巨大的市场需求之后，因为根基出现了某些问题导致了很大市场份额的损失。比如，一个独一无二的品牌，它原本可以代表一件独特的产品，然后垄断一方市场，但是它却丢了这个优势。

凡士林就是一个例子。这个商品出现之后就带来了新的消费需求，之后通过初期的正确指导，它几乎垄断了整个行业的市场。如果当初不是叫凡士林，而是石油胶之类的名称，也许它的结果就会完全不同了。

吉露果冻、坡斯顿咖啡伴侣、维克多留声机、柯达相机胶卷等所用的新造词之后被用来指代该产品。尽管是些新创的独特名称，但这丝毫不影响它们被收录到字典中，成为家喻户晓的名牌。

倒是皇家泡打粉和烤玉米片这两个品牌在开辟完市场之后，留下了无限的替代空间，好立克麦芽乳也是如此。

此外，经销商的态度也需要被考虑。缩减产业、避免产品重复以及减少库存是当今不断增加的一种趋势，如果你的产品也采用这些方法，经销商们会如何应对呢？如果存在抵制行为，我们又该如何避开它呢？

产品分发配给的问题严峻，而且五花八门。对经销商提供较少的产品做广告是资源的浪费，这个问题会在后面单独的一章中谈到。

这些是广告人必须解决的基础问题，这也是为什么我们需要大量经验和阅历的原因。一个小小的疏忽可能最终会导致客户损失数百万，走错一步可能会满盘皆输。相比其他方法，采用某种方法可能会达到事半功倍的效果。

没有做好这些准备的广告就如白白浪费的瀑布，声势虽浩大，但是注定不会有结果。广告的效力也许还在，只是没有被有效地利用起来，我们必须以广告的力量为中心，然后引导它走向正确的方向。

广告常常看起来很简单。成千上万的人都说自己有做出好广告的才能，而且人们也广泛地认为很多人可以做好它。结果，大量的广告沦落成了广告人的随性之作。其实真正深谙其道的广告人都明白，广告中存在的问题不会比建造一栋摩天大楼遇到的问题少，它们繁多且重要，而且很多都是触及根基的问题。

⑬ 别因为蝇头小利而丢失全局

一个产品，它本身就是最好的推销员。这不光指产品这个单独的个体，还包括它给人留下的印象和它所处的环境。由此可见，派发样品的重要性不容小觑。尽管投入有些高昂，但是总的来说，它已经是销售渠道里最廉价的手段了，没带样品出门的推销员就像没带广告在身上的广告商一样。

适合做样品的不一定是食品或者专卖药品这样的小件物品，几乎所有商品都可以做样品。我们已经有衣服样装，现在唱片的样品也在制作中了。

样品有很多重要的作用。它可以让产品大打免费牌，同时还可以吸引更多的广告读者。很多人都会想更深入地了解免费提供的产品。实验证明，样品创造了比它自己的成本还要高出许多倍的价值，因为它在不需要增加广告版面的前提下带动了更多的读者。

样品促使顾客采取行动。读者看完你的广告也许还未到决定购买的地步，但是他已经准备进一步了解你所提供的产品，所以他剪下了你产品的优惠券，放在一边，然后将它邮寄或者直接拿到你的门店。如果没有优惠券，他很快就忘记你的广告了。

这样一来，你就有了这位对你产品感兴趣的用户的姓名和地址。你可以让他试着使用你的产品，为他提供产品的详细信息，同时还可以跟踪走访。

也许半年内这位读者不会再阅读任何一份你的广告，也许他会忘记你的产品。但是一旦他给你写了信，对你的产品做出了反应，你就有机会向他展示产品的方方面面。省去的广告费用就是样品本身创造的价值。

有时小份的样品效果并不理想，这时我们就需要向经销商提供一整包产品了，只要使用优惠券就可以在任意门店兑换一整包产品。以此我们就可以获得顾客更长久的青睐。

这样做的成本很高，要想获得一位顾客注意，本身就需要花大成本。让一个读者给你写信获取样品的成本也许是 50 美分，但想要完全获得一位顾客也许还需要 15 美分，但不要因为要多付出 15 美分就让这些辛苦获得的青睐付之东流。

另一种让样品创造价值的方法是跟踪调查你的广告。它们记录的是你的广告所引发的兴趣，所以你可以将它与其他的广告、标题、策略和方法相对比。

对于任何企业来说，使用样品都节省了一笔巨大的开支。即使是最博学多才、阅历丰富的人也无法知道每个行业最有诉求的将会是什么。如果没有一个方法要诀在指引你，你很可能会要多花双倍的价钱来获得同样的收益。在宣传同样一个产品的时候，有些广告的成本会是其他广告的 10 倍。而一个样品，因为可以为你提供正确的反馈，所以能创造超出样品本身成倍的价值。

样品可以让你知晓顾客购买产品的地点，这一点对于之后划分产品的经销范围有非常重要的启示。

很多广告商因为一点蝇头小利而丢失全局。他们害怕付出，或者他们想尽可能地节省开支。这就是为什么他们会因为一个样品或者一两个邮票而加收顾客 10 美分的原因了。失去这些钱也许会将他们的成本从 40 美分涨到 1 美元，也就是说这也许会加在他们的反馈成本上，但是，仍然有相当多的人宁愿多出这笔钱也不愿意提供样品。

对样品收费极大地阻碍了产品的销路，导致你不能在广告中用上"免费"这个噱头。而我们先前说到，"免费"这两个字眼带来的收益会超过你用于提供样品的支出。

因此，有些广告商说"买一送一"或者是给消费者提供可以抵消部分价格的优惠券。任何与此相关的调查都表明这样做根本没用。在说服一个顾客购买产品之前，将产品以半价卖给他和以全价卖给他是一样的难。

时刻记住你是一名推销员，你的职责是迎合顾客的兴趣，所以不要将你的卖点遮掩起来。不要试图要求你的顾客为你的销售成本买单，因为四分之三甚至十分之九的顾客都不愿意这么做。

产业不同，样品成本的大小也有所不同，这主要取决于你吸引人群的范围。有些产品人人都适用，有些满足的则是小众的需求。纽约一份报纸上刊登的一款罐装脱水牛奶广告收到了146万份回复要求索取样品，一款巧克力饮品，它对外发放的优惠券有五分之一起到了作用，而其他使用范围没那么广的产品得到的回复可能就只有它们的一部分了。

但是派发样品获取回复的成本还是比较大的，所以我们还是需要重视它。不要将成功卖出去一半的产品置之一旁。一旦有人打听你的产品，就说明他已经看过了你的广告而且对你的产品产生了兴趣。他想试用你的产品，而且还想对它有更多的了解，这时，你应该试想一下这些顾客就站在你面前，你会如何面对他们，就该如何采取行动。

样品回复的成本在很大程度上是由样品的获取渠道来决定的。使用邮寄优惠券获得样品的方法带来的成效最小。它的反馈数量通常是将优惠券带到商店换取样品方法反馈的四分之一。

之前有个广告案例，以直邮的方式获得产品样品的成本是每件70美分，而从当地经销点获得优惠券换取样品的成本只有18至22美分。

现在大部分人都不写信了，写信是一件费力的事，而且他们家里可能也没有邮票。比起2美分的邮递费，人们更愿意花钱坐车去拿样品。所以，只要有可能，通过当地经销商发放样品当然是最好的方法。

有一件产品为顾客提供了3种获取样品的方式。要么写信，要么打电话，要么直接前往门店。70%的客户选择了电话索取的方式，比起邮寄写信，电话显得更为方便和普及。

有时我们很难向所有经销商提供样品，所以我们让客户直接与主要门店取得联系。这些商店看到可以迎来大批顾客自然是十分欢迎，而其他的经销商，只要是有利可图通常也不会有过多怨言。

记住要让这些经销商及时向你返还优惠券，这样你可以在顾客兴趣未减之时，对他们进行跟踪调查了。

有人说样品索求者可能会重复索取，某些情况下他们确实会这样，但是这些人只是小部分，你可以在你的预算里估量出来。

向他们声明"每人只能带一个样品回家"，几乎所有人都会按要求做。极少数蒙混过关、违背了要求的人通常也不是真心想买你产品的人。所以你只是损失了样品而并未失去顾客。

在很多行业，我们都会长期免费提供整包样品，价格在10美分一包到50美分一包不等。其中我们抽查了几个产业重复索取的情况，相比我们抽样调查消耗的人力物力，这些重复索取给我们带来的损失要少多了。

有些产业的样品则是被小孩给浪费了，而且他们普遍都喜欢拿走样品。所以你有必要在优惠券中声明"只限成人"，然后小孩就不会拿走这些优惠券，也不会再邮寄它们换取样品了。

但是对于在报纸上发放免费兑换整袋产品的优惠券这件事，我们必须格外小心，因为有些人甚至是经销商会买下很多报纸。所以我们事先不会透露这些免费服务的起始时间，然后我们在星期天发行的报纸中提供这些优惠券，这样就不太容易出现大量购买的现象。

我们不提倡随意发放优惠券。将优惠券随意散发在顾客家门口，像只流浪的野狗趴在台阶上，可能根本就不会有结果。这样的优惠券很多都没能到达家庭主妇的手上。如果真的到了她们手上，她们也不会对它有什么偏爱。

因为这些产品自身价值受到了贬损，这种营销方式似乎也不太受人待见。

店铺的宣传销售也是同样道理。即使只是付出了别人成本的一部分也还是有办法获得和别人一样多的收益。

但是很多广告商不清楚这一点，他们给经销商提供上千件样品，让他们随意派发给顾客。如果这些广告商看过他们顾客回复成本的跟踪报告，他们一定还会瞠目结舌。

只把样品赠与需要的人，只把样品给予对你产品感兴趣的人，只把样品分发给了解你广告以及产品信息的人。首先要营造一种尊敬、渴望以及期待的氛围，如果你的顾客能有这样的心情，你的样品一般都可以向他们验明广告宣传的品质效果。

这里又要再次提到估测每位顾客预算的好处了，这是测量广告效果的唯一方法。有时样品耗资是广告价格的两倍，而且通常它们的造价都比广告费用要贵。但是，如果利用得当，它们几乎是获得客源最低价的方法，而这一点也正是你所想要的。

反对样品销售法的意见多半都有失偏颇。它们可能来自那些希望所有宣传费用都花在纸质广告上的广告商们。反驳这些观点可以依靠测验。试着在一些城镇中使用样品，一些不使用样品。在那些有效利用样品的地区，我们还没发现有哪个样品是没能降低顾客的人均成本的。

⑭ 90% 的顾客都无法买到的商品不可能盈利

大多数的广告商都面临着如何构建销售点的问题。全国范围的广告必须考虑这一点。如果 90% 的顾客都无法买到它的商品，这个企业也不可能盈利。

以重复增加需求的方式来促使经销商供货的方法可能会得不偿失。在全国各地覆盖销售点的想法几乎是无稽之谈，只是承诺会打广告，然后就要让经销商提前预存一些不知名的产品也绝非易事。我们看到过太多的努力付之东流，也看到过太多的诺言未能坚守到最后。

对于如何构建销售点，我们可能无法面面俱到。企业有多种方法可供选择，有些公司一开始就采取直销，即邮购订单方式，直到不断增大的需求量迫使经销商开始提供产品。

有些公司则是通过提供样品或者其他服务来获取顾客信息，然后让他们与有库存的经销商保持联系。

一些知名制造商在产品授权经营之前就能让大批经销商提前准备库存。它们将货物下放到批发商处以便经销商取货。有一些会在广告上直接写上可以提供货源的经销商名字直到大部分的商店都可以出售为止。

在这个领域存在着无数的问题，当然成功的案例也很多，但是它们大多数适应范围太有限，所以在此书中不做讨论。

我们在此将讨论的是类似食品或者专利药品这样普遍受欢迎且销量广的产品。

我们通常是先从当地的广告开始，尽管大范围的杂志广告才是这类产品最适合的宣传途径。在一个个城镇间出售我们的产品，然后慢慢将版图扩大到全国。

有时我们会在广告中标明那些有库存的经销商的名字，如果之后还有其他经销商加入销售中来，我们会在广告中陆续补充这些新增的商店名。一旦准备开始在某地做宣传，就应该要指派一些经销商作为主要营销点，一般的经销商都愿意获此殊荣。通过在产品前期的广告中提到这些经销商的商店名，我们往往可以成功获得大批代理商。

不论你在广告中提到的经销商是多是少，只要你的广告成功了，其他的经销商就会立马采购你的商品，于是，你的销售链就扩展到了全部的经销商。

上一章中提到的样品推销法有助于快速销售配给产品，样品通过这种方式弥补了我们在它们身上的支出。

如果样品只是在个别地区发放，优惠券上就需要标注可以购买的商店名。这样即使附近没有提供产品的经销点，需要样品的客户也知道该去哪里找那些有售的商店了。靠着这个方法，我们几乎没有丢过一单生意。

当生产商得知有顾客索取样品时，他们会先让顾客与某些经销点取得联系。当索求的人足够多时，这些经销点也就不得不开始进货该产品了。

有时，我们会给大部分的商店提供样品，但是前提是它们需要购买一定数量的产品。比如，购买一打产品我们会顺带提供一打样品。然后需要样品的客户可以在所有的门店索取，这样可以迅速普及销售。即使是索取样品，经销商们也不愿意让他们的顾客迈入对手的商店中。

当一份优惠券可以在所有商店免费获取整袋产品时，构建经销点的问题就很简单了。首先向每个经销商邮寄带有优惠券的广告样本，然后向它们指明很多的消费者都会使用这些优惠券。每一个优惠券都代表着产品全部的现销利润。没有哪个经销商会放走这些优惠券客户让他到别家消费。

那些提供免费产品的服务经常就是以这种方式来盈利的，这也让它成了普及经销点最省钱的方式。

最成功的那批广告商将这种方法扩展到了全国。他们将优惠券广告夹在了杂志里，每个优惠券都可以在任何商店换取一袋常规产品。在此之前，这些广告的样张就会事先寄给经销商，同时附带的还有将会刊登该广告的杂志名单和它们的发行量。

靠着这个办法，有时不到一周的时间，产品就可以在全国很多地区进行销售了。而当优惠券广告一面世，所有都是水到渠成。这个案例再次证明提供免费产品的营销策略比其他强行配货销售的方法要省钱多了。此外，这种方法一经使用就会带来成千上万的客户。"棕榄香皂"和"膨化谷物"就是通过这种营销手段来获取市场的代表。

报纸发行过程中有一半可能还会流通到其他地方，所以如果你只对当地的商店提供样品的话，那外流的一半广告可能就要白费了。因此，你在优惠券上应该提到外地的用户需要以写信的方式才能获得样品。当他们给你回信索取的时候，不要立刻就寄给他们样品，而是将样品寄到当地的商店中，然后告诉索求者前往当地商店取货。直接寄回样品也许会为你赢得供给不到地区的用户，但是只有能够提供样品的商店才能满足当地的需求。

依靠该方法，很多广告商不需动用一个销售员就将产品经销扩大到了全国各地，而且效果立竿见影，运营成本也比其他方法要低廉许多。

也有些广告商一开始就给每位经销商送去一些产品当礼物。这种做法也许比起损失客户来说要好，但是它的成本代价也过高。这些免费赠送的产品是要通过广告售卖出去的，所以用出售价来估计一下它们的成本，你就会发现你其实为每位经销商花去了一大笔钱。相比之下，一个销售员可以以更低的成本来销售这些产品，而且其他方法可能也会比这种方法便宜得多。

业界普遍不太欢迎让零售店代销产品，甚至很多经销商也讨厌这么做，让别人帮你收藏商品是很难的，没有实效毫无章法的策略也得不到经销商的尊重。

我们这里提倡的方法是目前为止这些行业内所发现的最佳方法。不属于这些范围的其他行业则需要采取其他手段，因为它们涉及的问题太多，所以在此不做过多解释。

但是不要在商品分派配给之前就开始广告宣传，也不要采用太贵或者见效过慢和老套的方式来分配产品，浪费的时间可能会让你在销售中付出惨重代价，而且它还可能会让有实力的对手捷足先登。

去找那些经历丰富的商人，请教你所在行业中最好的营销计划吧！

⑮ 在我们大展拳脚之前，试销能给广告方案带来最可靠的证明

几乎所有问题都可以快速地在试销宣传中找到最终答案，这种方法成本低，靠的不是纸上谈兵而是实际说话。它会直接深入到你最终的目的人群——你产品的买家之中。

每一个新广告都会面临如何从产品销售中获取利润的这个问题。你和你的伙伴可能喜欢这个销售方案，但是大多数人不一定会喜欢，而竞争对手的产品可能更便宜也更受大家的喜爱。这些产品的地位稳固，要想把这些被吸引走的顾客重新争取回来免不了耗费大量的人力物力。

如果顾客在买过一次产品之后就没有再重复购买，这可能是因为你的产品使用周期太长了。它面向的人群是小众消费者，所以它大部分的广告都未派上用场。

广告业处处充满着变数和惊喜。你觉得嗤之以鼻的策划可能最后获得了空前的成功，而你信心满满的策划案可能惨遭滑铁卢，这全是品位不同带来的结果。我们对大众的想法都知之甚少，所以很难得到一个普及的观点。

以前，广告商将赌注押在自己的一己之见上，但对于大众的喜恶他们大部分都猜错了。那段时期无疑是广告业的重创期，即使是那些偶然成功的广告商也是处在大众风向将改的边缘。他们不知道自己在每位顾客身上投入的成本，也不知道每位顾客为他带来的收益。销售成本可能需要很长时间才能赚回来，甚至是收不回来。

现在我们的做法是用千人的观点来决定万人观点的走向。我们只需要冒一点风险然后就可以知道决策需要的资金和带来的结果。当我们明白1000位顾客的成本是多少的时候，我们可以推算100万个顾客的预算。从1000位顾客的喜恶中也可以窥视到100万个顾客的需求。

从小范围的试销宣传中可以找到平均值，这些平均值一般都是可以通用的。我们知道预算，知道销售情况，知道盈余或者亏损。明白多久成本才可以被收回。在我们大展拳脚之前，我们就已经用试销证明方案绝对安全可靠。所以如今，没有哪场广告灾难是由那些知道详情的人引起的。

我们可能会在四五个小镇试验我们的方案，采用样品或者免费产品的方式来尽快吸收首批用户。通过该种方法，我们可以知道顾客的人均成本，然后我们等待观察是否有人愿意买这些样品。如果买了，他们还愿意继续购买吗？会买多少？这些盈余多久才能补上我们的销售成本呢？

这样的试销前后花费不过3000至5000美元。即使有些产品不受欢迎，它也不会为你带来损失。总会有试销品卖出去，几乎所有的试销都能及时收回成本。

有时我们发现前期资金还没用完，销售成本就已经赚回来了。这意味着这件产品不需要投资就可以开始宣传推广。许多广告商靠着直接盈余超过成本的产品收获了成功，这是一种理想的情形。

其他产品可能需要3个月才能收回成本，但是它的制造商确信它在市场中可以盈利，当他正式运营产品时，他必须按照实际情况融通资金。

想想这意味着什么。一个人手握着他认为可以广告推广的产品，但是在全国推广的范围太大、成本太高让他迟迟不敢动手。

现在，他只需要一点点成本就可以将他的计划在一些普通小镇试行，几乎不用冒任何风险。从几千人的态度中他揣测到全国几百万人会是什么反应，然后他按照这些结论开始行动。如果此时开始扩展业务，他确切明白他将得到的结果。

他的试验十分安全，只有 1% 的风险。如果产品一举成功，他可能进账百万盈余。如果偶然失手，损失也不过是个零头。

这些就是我们想要强调和传达的道理了。我们现在手头上最大的生意就是通过这种方法从最初的一丁点投资做起来的。当商人知道可以这样成功之后，其他成百上千的人也会加入进来，因为无数财富创造者还在沉睡之中。

目前世界上最大的广告商就是用试销的方法起家的。通过一个个的试验，他找到了最好的产品方案。现在他年薪已超百万。

试销宣传还有其他用途，它们可以解决无数商业中出现的问题。

一家大型食品广告商觉得改用另一种外观后他们的产品会更受欢迎。他和其他所有广告客户对于这一点都深信不疑。在没有参考顾客态度之前他们就准备将这种做法予以执行，但是最后还是及时悬崖勒马，接受了一个更为明智的建议。

他们在一些城市里分发带有优惠券的广告单，优惠券可以在任何商店兑换他们的新产品，然后他们写信询问用户对新产品的看法，结果几乎所有用户都表示不喜欢。

之后有人建议这件产品使用另一种外观设计，之前的反馈结果让大家对此都犹豫不决。广告商甚至都认为这种方案都不值得检测。但是他还是用同样的方法调查了几千名女性对这种产品外观的态度，竟然有 91% 的女士赞成这种选择。现在他就有了一件独特产品，可以保证销量大幅提高了。

这些测试的成本每个不到 1000 美元。第一个测试让他避免了一场损失惨重的错误，第二个为他带来了巨额财富。

之后我们在一些已经获得成功的宣传广告上运用试销，尝试新的方法。这样，在不影响原有广告的基础上，我们源源不断地获得了更佳的方法。

5 年间，为了一个食品广告我们尝试了 50 种不同的方案。每种都有新的改良，所以我们得到的广告结果也在不断增加。5 年快结束的时候，我们找到了一种最好的方案，它减少了 75% 的销售成本，这也就意味着，它的效果是我们之前用过最好方案的 4 倍。

这就是邮购广告商采取的做法 —— 不断地试验新的方案，不断地降低成本。为什么大多数的广告商做不到他们这样的条理井然、心思缜密呢？

试销宣传的另一个作用是这样的：

有个广告客户的广告一直反响平平，另一个经验丰富的广告代理商告诉他他的水平还可以有大幅提升。然而这个广告客户对他的说辞很怀疑，他自认为做得已经很好了。而且他也不想放弃自己的合作伙伴，所以他还是决定我行我素。

现在这个问题可以交给试验来解决。这个经理人可以在不影响原有方案的前提下，在几个城市中试点他的新方案，然后将新方案的收益和原有方案的收益进行对比，以此证明他的方法更胜一筹。

广告行业内充斥着看似属实的花言巧语。一个又一个的人跑到广告商那里声称自己对广告了解甚多且天赋使然，一般广告商很难从中分辨出真正的人才。

现在小成本获取的真实数据就可以完美地解决这个问题。广告商不对这些人的说辞做出任何评价。他们只需要像对一个销售员那样对他们说："先去外面推销一个星期再向我证明吧。"如果这个方法以前就用到企业招聘中，恐怕大多数的广告业务都会易手。

我们再次回到科学广告这个话题。假设一个化学家独断专行地说这个化合物最好，或者那个化合物更好，你根本就不会相信他的观点。于是他做了很多试验，有时是几百次试验来证明那种化合物是最好的，在数据出来之前，他绝对不会提出自己的推想。一般的广告商需要多久的时间才能将这份精确严谨的精神带到广告业呢？

⑯ 只卖出产品而没有感化消费者，这样的推销没多大作用

很多时候，我们都不能过多地依靠批发商或者经销商的主动帮助。他们太忙了，有太多的产品需要顾及。广告产品的利润一般都不太大，而且很多产品还需要降价出售。

一般的经销商会和你采取相同的做法。如果他们有自己的品牌，他们也只会将精力花在自己的品牌而不是其他的品牌上。

经销商还会常常让你考虑其他办法。他会因为付出了更多的努力而要求你给他一些补助或者特权。广告客户通常会给他们额外折扣或者优惠，比如买十送一，因为他们相信这些获得了好处的经销商会更加卖力地销售。

也许这样做对于少部分行业确实会有效果，但是大部分行业都没用。而且如果这些努力落实了，产品的总销售额通常也不会增加。它们只不过是在商店之间的波段交易罢了。

很多时候，只是卖出了产品而没有感化消费者，这样的推销一般没多大作用。通过广告而深入人心的产品很有可能会赢得忠实的顾客。因为别人随口几句推荐就买了产品的顾客一般都不会坚持使用太久，因为下次其他人还会给他一些别的建议。

原本属于广告商的收益可能会因为没有得到足够的回报而被放弃。如果将这些送给经销商的折扣或者礼物花在争取顾客上，带来的效果可能会好得多。

那些送出去的货物必须靠你自己卖出去。10 件产品有一件免费就意味着你的广告要多卖出 10% 的产品才能挽回你的损失。如果你让经销商自己决定购买量，通常是你给他们多少好处，他们就买多少产品。

很多资金常常就是浪费在经销商提供的其他帮助上了，比如橱窗陈设或者店内陈设。橱窗陈设作为一种醒目的提示，可能是商店生意的主要来源。但是其实它对你销售量的增加并没有帮助。

这些说法可以靠试验来证明。在一个城镇给予经销商这种优惠，另一个不给予，比较这两个城镇产品的总销售额。很多行业这两个试验显示的结果都是昂贵的陈列毫无用处。越来越多有经验的广告商开始不在产品陈列上花钱。

这些都是一些普通的广告法，以前很流行。但这无异于人们往河水中抛面包然后希冀面包还会再回来。大多数 20 年前的广告就属于这类。

现在我们用试验的方法来解决问题。这种方法容易操作，只要比对每一笔支出的成本和收益，就可以避开很多资金的巨额浪费。

科学广告改变了许多陈旧的计划和观念，也证明了很多长期确立的方法其实是错误的。我们有其他销售形式的评价标准，为什么不把它们用在这些事情或者是生产成本上呢？

你所有的广告目的就是以一种有利的方式获得消费者，某个特定商店的生意不是你要关心的。去了解你的顾客成本和他们想买的东西。如果你每争取一个顾客要花一美元，那么每浪费一美元就代表着损失了一个潜在顾客。

你的生意应该以这种方式开展起来，而不是依靠经销商的帮助建立起来。你必须依靠自己的能力来完成销售并获得成功。经销商只要能按时按量进货就足够了。消除损失，把你所有的资金花在刀刃上。

⑰ 如果想要脱颖而出，试试猎奇和反常

想要给别人留下深刻印象，首先你必须以一种讨人喜欢的方式从众人中脱颖而出。猎奇和反常的表现不算值得借鉴的特点，但用别具一格的方法践行高尚之事却有很大的优势。

个人营销或者广告营销都是一样的道理。有些人狂妄自大让人讨厌，而有些人充满活力受人欢迎，让人印象深刻。有这些个性的销售员都是幸运之人。

我们尝试给每位广告客户一个合适的风格，不是在外观上而是在风度举止上让他与众不同，让他获得一个最契合他顾客的个性。

在一个崇尚坚毅诚实的行业，他的言行就要表现出坚毅和诚实。在一个根据自己的偏好来做出选择的地方，他就应该做一个好人。在其他行业他则需要展现出专家风范，才能出人头地。

我们之前引用过一个案例，一位女士仅靠她的人格魅力就在女士服装的销售业中获得了巨大成功。

这就是我们为什么有时会在广告上签名的原因了，为的就是增加个人的影响力。那些制造出引以为豪的产品的人，他们是鲜活的，不是一具没有灵魂的躯体。只要有可能，我们就会在广告中引入一种个性。通过捧红一个制造人，我们也捧红了他的产品。当我们在说到一个产品有改进时，直接报出改进者的名字会更有效果。

然后我们小心翼翼地维护那些受人追捧的个性特征。在策划一个产品新

广告之前，广告写手必须先了解广告客户的精神风貌，然后他在广告中再扮演一位演员将它演绎出来。

成功的广告会费尽心思保留它们的风格基调，大受欢迎的广告很可能也是赢得新顾客喜爱的最佳选择，人们开始渐渐了解这些产品。它向大家呈现的不是一个完全陌生的新人，而是一个熟知的形象。让顾客记住它们的不是它们的名字，而是它们的外形和独特格调。其他标新立异的行为是达不到这般成功的。

因此，我们不想让人们以为这种营销方式是为了让他们订货。要是那样，我们的广告诉求都是刻意人为、别有用心的。这些诉求看起来必须都是发自内心并且发自同一内心，除非出现了错误，需要彻底更换。

广告和人一样都有着独特的个性。有些广告我们喜闻乐见，有些却相看生厌；有些让人耳目一新，有些则让人心生乏味；有些振奋人心，有些则让人谨慎前行。

找到正确适宜的个性是个了不起的成就。广告人在业界内不断壮大的名气会将他的声望持续提升，但是千万不要对这一点感到不耐烦。记住，我们性格上的每一个变化都会让我们的好朋友得到重新的认识。

⑱ 人们只会被美好的事物所吸引

攻击竞争对手从来都不是好广告之所为。不揭人短是处世标准，顶级的优秀媒体不允许这种攻击行为的存在。攻击从来都不是什么好策略，它将自私自利的目的暴露无遗，看起来既不公平，也不正大光明。即使你讨厌吹毛求疵的人，也请对他们表现出和善的态度。

向大众展示事物幸福、明媚、富有魅力的一面，而非让人反感的阴暗面。展现美丽而非粗野；展现健康而非苦疾。不要去展示你想去除的皱纹，而是展示将会出现皱纹的脸，因为你的消费者都对皱纹知道得一清二楚。

在宣传牙膏的时候，给大家展示美白的牙齿，而不是坏牙蛀牙，展现改善后的状态，而非使用前的状态。在宣传衣服时，描绘衣着华丽的贵人，而非衣衫褴褛的乞丐。宣传商业培训的时候，着重描述成功者的辉煌，而非失败者的凄凉。展示人们想要成为的样子，而不是他们现有的情形。

我们被阳光、美貌、幸福、健康和成功所吸引。所以我们应该指出通向这些美好之物的途径，而不是与其背道而驰。

广告图片应当呈现出让人羡慕的美好事物，而不是羡慕别人的东西。

告诉人们该做什么，而不是避开做什么。

让你的每个广告都充盈着欢快的气息，而不是哀怨的忧伤。

假设人们会按照你的要求做，但是没有及时寄给你样品，那么你就应该说"现在请寄给我样品"而不是质问"为什么你忘了给我寄样品"，因为这句话暗示了对方的疏漏，要让对方跟随指示而行动。

比较两个广告的结果。一个消极，一个积极；一个显示阴暗面，一个展露光明面；一个劝诫，一个激励。它们的结果会让你感到惊讶。如果你拥有和我们同样丰富的经历，你会发现积极广告的吸引力是消极广告的 4 倍之多。

那些"使用效果前后对比"的广告都是过去的蠢办法，它们根本无法消弭冲突。不要受到这些过去做法的左右，而去描绘事物的阴暗面。

⑲ 趁热打铁，在你的顾客心动之后就让他们及时采取行动

这是广告里面另一个都会出现或者都应该出现的问题。每个商人都会收到大量的信件。大多数信件都直接扔进了垃圾桶，但是他也会对其中一些采取行动，还会将剩下的一些保存起来以备参考。

如果我们分析这些信件就能发现，那些被过目或者被保存的信件都有一个吸引你注意的标题。只需轻瞟一眼你就知道它们提供了你想要或者想知道的信息。在创作广告的过程中我们都要记住这一点。

有个买家一年的平均消费是 5000 万美元，每份出现在他办公桌上的信件传单都会得到应有的关注。他希望知道他想要购买产品的一切信息。

我们经常观察他。每分钟都有一大把信件被直接丢进了垃圾桶，然后会有一封放在一边，那是他会继续考虑的问题。另一封存放在注明"油漆"的文件夹中，以后当他需要买油漆的时候就会调出这封信件。

那位买家因为完成了几笔不错的采购而获得嘉奖。他的采购都是基于信息分析完成的，然而绝大部分寄给他的信函，他都只是一扫而过。

同样的准则也适用于其他所有的广告。写信人忽略的东西广告人也会忽略。信件没有获得应有的重视，广告没有透露消费者寻求的信息。

一家杂志每年寄出几百万封信件，有些是为了征订，有些则是为了卖书。在出版社发放 500 万封信件之前，他会拿出几千封做试验。他可能会尝试 25 种信函，每种发给 1000 位顾客，之后他就可以知道这样做的结果和成本。也许这个计划会因为看起来无利可收而被放弃。否则，收益最好的信件就是他

之后将会采用的信件。现在所有撰写科学广告的人也会采用这样的策略。

邮购广告的方法和该种方法相似，前者试验广告就像后者试验信件一样。一般的信件都不会被启用，除非它的实际效益已经证明了它是同类中最好的。

信函写作和广告有相当大的关联。寄给消费者的信或者跟踪回访信，只要是可能都应该接受试验。即使没有，它们也应该基于试验测试的结果来撰写。

信件中存在的不同，在广告中也同样存在。有些广告起到了作用，有些却没有。有些促成了销售，有些却连以前的形象也破坏了。这些写给你未来买主的信函意义非凡。

经验证明一封两美分的信不会比一封一美分的信更受人关注，信件也不会因为是采用更好的信纸而受到更多的重视。内容才是它们全部的吸引力。

我们发现制作精良的信纸或者小册子反而会降低影响效果，它们给人的感觉是卖力在销售这些优质的广告载体，而不是它们的产品。不仅信件这样，在广告中也是这样。

一封写给索求者的信就像一位正在面对潜在客户的销售员。你知道是什么吸引了他们的目光，那么你就应该乘势而上，顺势而为，而不是南辕北辙。进一步优化产品的已有印象，而不是凭空臆想新形象。

信件和广告，很重要的一点都是激发读者的直接行动。人们习惯拖延，将事情推后完成，而一般延迟之后的事大多数也被人忘得一干二净了。

所以如果有可能，我们应该努力让他们将心动转为行动。提供一些动机或者告诉他们没有及时行动会有什么后果。很多成功的营销信件都会为他们的服务设定一些限制，比如必须在某个日期前使用。这样做就是为了让读者立即决定，克服拖延。

当邮购广告商为顾客提供商品目录的时候，这名顾客还可能同时会拿三四份相似的目录单，如果这位广告商要想将产品销售出去，他就免不了与同行竞争。

所以他在邮寄商品目录时还会给读者写一封信并附上一张名片。信上写道："作为我们的新顾客，我们会竭力给您宾至如归的服务。若您想购买产品，请随件夹带这张名片，您将会得到我们为您精心准备的礼品，它值得您珍藏。"

如果是个老客户，他会用另一种方式送给他们免费礼物。这些礼物能唤醒他们的好奇心，从而使他们更偏向于他的商品目录。如果没有特殊情况或者必须要在别家购买产品，一般顾客们都会选择他家产品下订单。这些赠送的礼物通过带动商品目录单，进而带动销量，创造了超过它们自身成本数倍的价值。

促使顾客立马消费的方法千千万，尽管每个领域采用的方法各不相同，但是它们的原则都是通用的。趁热打铁，在你的顾客心动之后就让他们及时采取行动吧。

促使顾客行动需要付出的成本不大，但是因为拖延而损失顾客的代价就有点大了。曾经就有一位广告商通过一周内寄回了产品商标获取优惠的销售方式，成功吸引了上千名女士大量购买他的产品。

⑳ 好的名字自然带来好的利润

能够有效传达信息的商品名，本身就是一个得天独厚的优势。名字总是出现在最醒目的地方，依照它所占用的版面空间，标题应该对广告有很大的帮助。有些名字本身就有广告的效果，"五月气息"和"麦乳"就是这样的例子，它们的名字是一笔财富。这样的例子还有"荷兰清洁剂""科蒂库瑞""戴安晒""细腻木薯淀粉""三合一润滑剂"和"外用酒精"等。

这些名字会受到保护，因为它们点明了产品，展现了自己的价值。

其他生造的产品名就没有什么实际含义了。这些包括"柯达""卡罗""马自达""萨坡里奥""凡士林""力士"等，它们也能受到保护，长期的广告会赋予它们意义。做到了这点，它们名字就价值连城了。但是现实是，它们鲜少取得这样的成功。

对于这些对广告无益的产品名，我们怀疑是否能达到展示产品的作用。因为广告里最重要的部分是产品而非品名，但是很多的空间都是被这些与销售没有任何关联的名字或图片给浪费了。现代广告倾向于消除这些浪费。

而有些生造名提到了每家每户都可能用到的材料，这类例子有"无花果糖浆""椰子油香波""焦油皂""棕榄香皂"等。

如果它们的价格合理，这些产品就能够占据主要市场，但是它们肯定会存在一定程度的市场竞争。而且它们很容易有仿品。在产品分类上，它们自然会与含有同样成分的商品一起销售，这样也就限制了它们的定价必须符合这类商品的标准。

"烤玉米片"和"麦芽奶"就是商品名没取好的失败案例。这两家广告商都成功创造了新的消费需求。当这些消费需求一出现，其他制造商也跑来分一杯羹，因为他们也可以在自己的产品中打上这两家的商品名，逼得真正的开创者只能靠自己的品牌效应争取市场。试想下如果当时这两家采用的是两个新造名，他们又会多创造多少利润呢？

对于专利产品制造商，有一点还必须要注意，你产品专用权只有在专利期内才有效，专利有效期一过你的名字所有权也就失效了。像"卡斯托利亚""阿司匹林""碎麦饼干"等产品名都是从专利私有到生产商共享的例子。

对此我们必须严肃对待，上述提到的问题常常会给专利者招致麻烦，使得专利保护不得人心。

另一个新造名可能出现的严重错误就是名字过于轻佻。为了显得独特，人们可能会尝试一些轻浮的名字。如果销售的是个重要的产品，这些轻佻名字就会是致命的缺陷，它将招致顾客的鄙夷。

当产品必须使用一个普通名字时，制造商的姓名就是最好的选择。这比生搬硬套的生造名好多了，因为制造商愿意冠名的产品一般都是他引以为豪的产品。

由上可见，名字问题也是新产品初期需要认真对待的重要问题。有些名字为广告成功立下了汗马功劳，而有些名字却把创始人五分之四的生意都付诸东流了。

㉑ 好生意

我小时候住的地方有一条湍急的小河，河流推动木轮转动，当地人依靠着河水的力量经营着一家磨坊。但是这些古老的方法却有很多弊端，河流大部分的潜能都被糟蹋浪费了，利用到的只是很小一部分。

不久后，有人对小河进行了科学处理。将河水引入涡轮，然后通过发电机发电。如今，不需更多的河水和能源，这条小河产生的电力就足够维持一家大型制造厂的正常运转。

当我看到那些被浪费的广告时，就会想到那条小河。类似的浪费随处可见，成百上千的例子就发生在我们的周边。有人拿巨大的水能来推磨轮，有人拿百万计发行量的杂志来刊登不重要的信息。同样的资源放到别人手里却收回的是数倍的利润。

我们每年看到无数没有收益的广告持续发行。明明可以 1 美元办成的事有人就偏偏要花 5 美元，明明可以收回 150% 的成本，有人就只收回了 30%，这些差距很容易就能证明。

在这些广告中我们看到的是被浪费的空间，轻佻的产品名，别出心裁的巧喻和愉悦读者的报道。消耗你资金的广告都充斥着奉承空谈，如果这些是出现在销售员身上，倒还合情合理，但是出现在广告上就不太适宜了。这些被盲目浪费的资金仅仅是为了满足某些人的突发奇想。

不仅是初出茅庐的广告商，很多老资历的广告商对他们广告的效果也不甚了解。商业通过多方努力才能茁壮成长，这里面当然也少不了广告的功劳。

一位经营多年的广告主，每年花在广告上的费用高达 70 万美元，他向我述说他不知道他的广告是否起到了作用。有时他觉得即使没有这些广告，他的业务也可以做得很好。

我回复道："我知道的真实情况是这样的，你的广告其实一点用都没有，而且只需一周时间我就可以向你证明我说的是对的。现在在你的每个广告下附上一句话'任何看完广告给我写信的读者都可以获得 5 美元的奖励'，到时候回信少得肯定会让你大吃一惊。"

想想看，几百万美元都被抛在看不到结果的广告深渊中，多么让人唏嘘忏悔。不单单是广告，商业上任何一个板块采用了这种策略都会马上让你的产业毁于一旦。

你可能也见过其他不招你喜欢的广告。它们排版密密麻麻，文字啰唆冗长。你不喜欢它们，是因为你在找可以让你愉悦欣赏的东西。但是你会发现这些广告在创作之前都经过细致的调查，广告商知道它们会带来收益。而且很有可能，你看到的这个广告是大量经过跟踪调查的广告中收益最好的。

很多其他以前不跟踪调查的广告现在也开始跟踪调查了。它们根据已有的数据确立方案，在进军大范围的市场前就获得了小范围的成功。这些广告将它们的效力发挥到了极致。

花钱做广告的人当然相信这个广告是有价值的，不断涌现的广告就是初步证明。它为别人带来了丰厚的回报，它肯定对"我"也能带来好处。因此他把广告视为众人有口皆碑的神药。如果业务蓬勃发展了，广告会得到褒奖。否则，失败也只怪自己运气不好。

这听起来好像有点难以置信。即使是个只使用 20 美元广告单的商店售货员也知道他的广告能不能有所回报。任何一个大商品的广告都会有对应的部门负责。而且每一寸版面第二天都必须展现出自己的价值。

然而国内大多数的广告都没有接受过评估，它们只是想当然地觉得会赚钱。其实一个小小的试验就可以找到获得多重回报的方法。

这些广告方法虽然现在仍然大行其道，但是它们离消亡也不远了。使用这些广告策略的广告人已经看到了即将来临的不祥征兆。当越来越多的广告人开始清楚他们广告结果的时候，这种不科学的广告法只会加速被淘汰。前景良好的业务和高效低耗的方法会被带入广告业。广告人的能力和广告方法的效果都会以销售结果进行评估，只有能力出众的人才能笑到最后。

就在一个小时前，一位资历丰富的广告人对我说道："我们这类广告的时代要结束了。空话连篇的说辞不再有市场，花言巧语也被真实数据所取代。这些新的广告趋势让我焦虑不安。"

很多旧观念的广告人同样也焦虑不安。无数广告开始以科学的方式来规划，它的成功已成为稀松平常之事。其他的广告运营法都难再令人满意。

能够经受住考验的人都欢迎这些广告业正在经历的变迁。在看到广告也能安全可靠地运营之后，广告客户开始成倍增长。当初因为广告全凭运气瞎猜而不敢投入太多资金的人，现在也会因为对结果有十足把握而大笔投入。当投机取巧的博弈乌云渐渐被清除，广告业的天空会变得更加美好，更加澄清。待以功勋论英雄时，我们的成功只会更加夺目。